河出文庫

皇室の祭祀と生きて

内掌典57年の日々

高谷朝子

JN252788

kawade bunko

河出書房新社

はじめに

皇居の特別なお場所

冬は雪景色が美しく、三月になると桜並木がまた艶《あで》やかでございます。

五月になりますと若葉が綺麗で、霧雨《きりさめ》が降りますとその若葉がまた映えて、御所のお山がまるで深山《みやま》のようでございます。

六月、細い流れに蛍が飛んで淡い光を放ちます。優雅な夕べを堪能《たんのう》した夏が過ぎますと、木々の緑と紅葉が織りなす錦の美しい秋を迎えます。

その皇居の森の奥、鬱蒼《うっそう》と木々が生い茂る敷地のほぼ中ほどに、特別なお場所がございます。皇室皇祖であらせられます天照大神《あまてらすおおみかみ》様の御霊代《ごれいだい》として御神鏡《ごしんきょう》を御祭り申し上げます賢所《けんしょ》（正式には「かしこどころ」）、歴代天皇・皇后、皇族の御霊《みたま》を御祭り申し上げます皇霊殿《こうれいでん》、皇室御守護の神様として八百万神《やおよろずのかみ》を御祭り申し上げます神殿《しんでん》がございます。この御三殿を宮中三殿《きゅうちゅうさんでん》と申します。

御三殿に附属してお構内に、神楽舎《かぐらしゃ》、幄舎《あくしゃ》、奏楽舎《そうがくしゃ》、綾綺殿《りょうきでん》、また、神嘉殿《しんかでん》などのお建物がございます。

皇居全景
竹橋
乾門
北桔橋門
天守台
宮内庁病院
吹上御所
大手門
宮中三殿
宮内庁庁舎
桔梗門
半蔵門
坂下門
新宮殿
皇居前広場
二重橋
正門石橋
桜田門

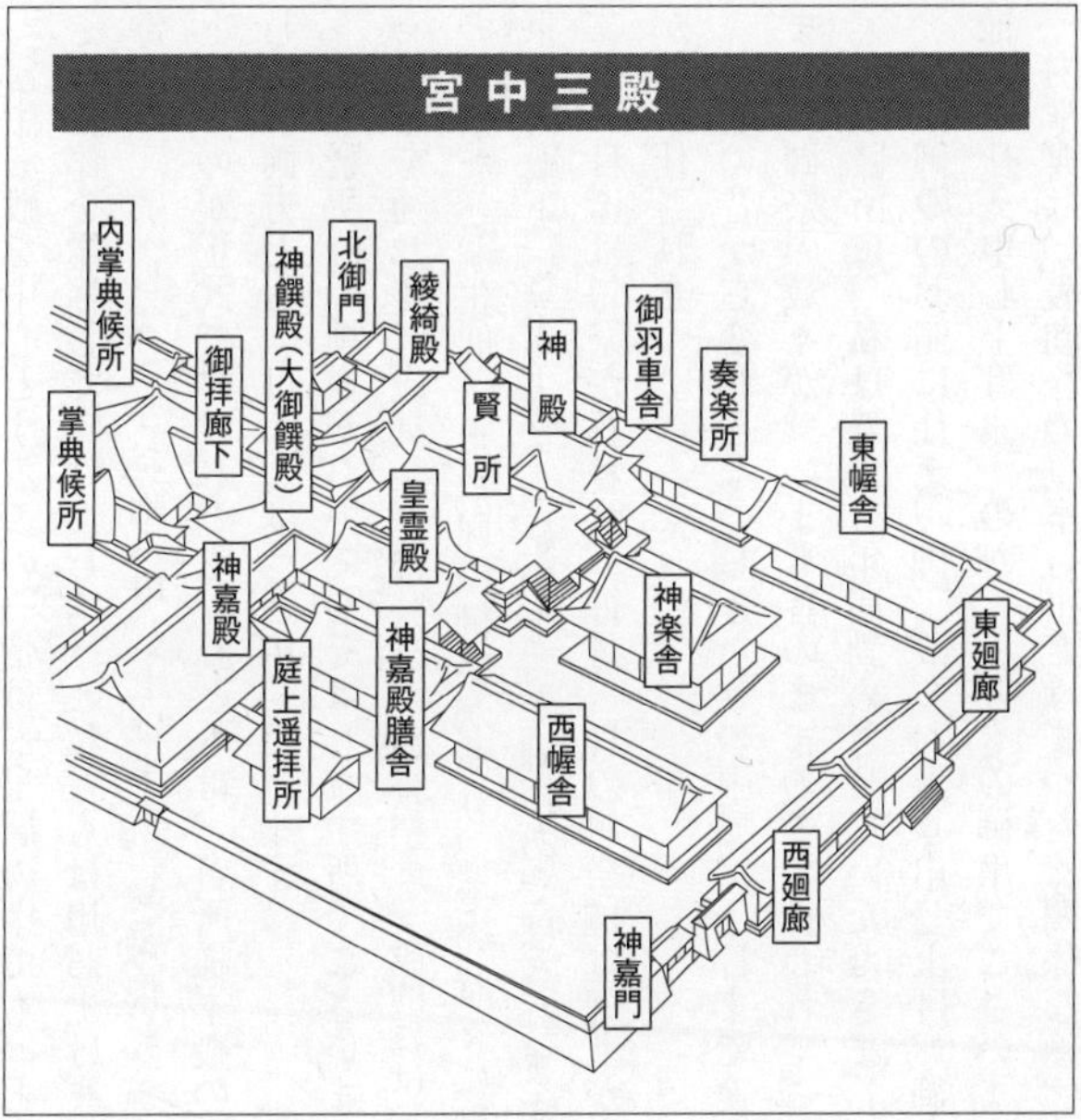
宮中三殿
内掌典候所
掌典候所
御拝廊下
神饌殿(大御饌殿)
北御門
綾綺殿
賢所
神殿
御羽車舎
奏楽所
東幄舎
皇霊殿
神嘉殿
神楽舎
東廻廊
庭上遥拝所
神嘉殿膳舎
西幄舎
西廻廊
神嘉門

宮中三殿を中心とするこの一帯は、皇居の中でもっともお清い所とされています。その全体を総称して「けんしょ」と私どもは申し上げます。お建物そのものも賢所と書き、「けんしょ」とお読み申し上げます。どちらも「かしこどころ」とお読み申し上げるのが正式ですけれども、私どもは、賢所様本殿のお建物も、そして一帯を総称して、両方とも「けんしょ」と申し上げます。

この賢所は、神様がおいであそばします所でございます。

一年を通じて、歳旦祭《さいたんさい》、神嘗祭《かんなめさい》、新嘗祭《しんじようさい》（一般的には「にいなめさい」）、また皇霊殿の御祭《おまつり》など、年間二十数回の御祭があり、その時々に御上《おかみ》（天皇陛下）、皇后陛下、東宮《とうぐう》両殿下（皇太子殿下・妃殿下）が御拝《ごはい》あそばされます。また、毎月一日、十一日、二十一日には旬祭《しゆんさい》が行われ、毎月一日の旬祭には御上が御拝あそばし、掌典職《しようてんしよく》の方々がご奉仕されます。

平安の昔から変わらないしきたりの中で、今日まで途切れることなく続けられてきました御祭の数々が、いまも昔のままの姿で行われてございます。

この賢所に、私は五十七年間勤めさせていただきました。内掌典《ないしようてん》と申します。

常に御殿のお側に仕え、御三殿をお護り申し上げ、御本殿に御祭り申し上げます神様にお仕え申し上げますのが、私どもの御用でございます。

内掌典は、表向きの皇室行事とはまったく関係なく、遠い昔から続けられてきました御殿の御神事、御殿の御用をさせていただき、古《いにしえ》のしきたりの中で過ごします。お清めのこと、御所言葉、また普段の生活も、代々のお方様から受け継がれました伝統を、いまもお護り申し上げております。

内掌典として身を捧ぐ心

大東亜戦争の最中の昭和十八年、私は初めて此方《こなた》に上がらさせていただきました。女学校を出たばかりの、数えで二十歳、満でいうと十九歳の時でございます。日々の御用をつつがなくさせていただくことに精一杯の毎日で、気がついてみましたら五十七年が過ぎてございました。

お堀の外では、終戦を迎えた焦土の中で新しい世の中が始まり、やがて高度経済成長が訪れ、戦後半世紀が過ぎて平成の世が明けました。

目まぐるしいばかりに世の中が変化していったその間、皇居の奥深く、賢所の御用は、私が上がりました時からお変わりあそばしますことなく、毎日続けられてございます。

振り返ってみましたらこの五十余年は、私にとって夢のような日々でございました。賢所に勤めますお方々とともに心を合わせながら、ただひたすら神様のお側に仕えさせていただいた毎日でございます。

変化の少ない日々でございましたが、先輩のお方様にいろいろなことをお教えいただき、身に過ぎました尊い御用を勤めさせていただきました。先輩のお方様がお下がりあそばしてからも、お若い方々の優しいお心遣いをいただきましたことなど、こうして普通の生活を送らせていただいている今でも、とても懐かしく当時のことが思い出されます。

皇室文化に対する深い憧憬《どうけい》を求め、ひたすら賢所にお仕えされます心清らかな方々によって、作法やおしきたりはすべて口伝《くでん》で代々受け継がれてまいりました内掌典でございます。

明治時代にお勤めあそばしました高木内掌典、大正後期よりお上がりあそばしました三上内掌典は、五十余年を神様の御用にお捧げあそばされました。そして、五十数年間、賢所様の尊い御用をさせていただきました私が下がらせていただきました。

日々相変わりませずの御用をさせていただき、古くからのおしきたりの中で過ごした毎日。目まぐるしいばかりに世の中が移り変わる現代社会で生きる方々からは、想像もできないかもしれません。さぞや窮屈、退屈な暮らしなのではと思われる方もおいでになるでしょう。けれども、その日々は実に穏やかで、そして、とても得がたい素晴らしい瞬間の連続でございました。

密やかに厳《おごそ》かに行われてきました賢所の伝統が未来の世に受け継がれていくことを、

今はただ祈るばかりでございます。

内掌典の日々は神様とともに

内掌典の御用は、日々御殿をお護り申し上げることにございます。御三殿に通じますお廊下北側に、内掌典候所《ないしょうてんこうしょ》と呼ばれる部屋がございまして、私ども内掌典が起居《ききょ》する部屋でございます。いつでもすぐ御殿に上がり御用をさせていただきますように、御殿に一番お近い所にございます。

常に身を清めて素直な気持ちを保ち、いつも神様がお側においであそばします気持ちで、お仕え申し上げますようにと、上のお方様から教えられてございました。

若い内掌典は毎朝早くに、まず御三殿お正面の御扉をお開け申し上げ、御殿の御床を掃き、時に応じてお拭い申し上げ、清めさせていただきます。

御内陣《ごないじん》の御用を申し上げます上席の内掌典は、その間に髪を整え、仕舞《しまい》（化粧）を済ませてお湯をかかり身を清め、衣服を正して御殿に上がります。

御内陣は御殿の最奥にあり、神様を御祭り申し上げてございます。ここに上がらせていただきますには、髪を「おさえ（前から見ると「おすべらかし」のような髪型で、後ろは巻き上げます。ただし歳を重ねましてからは「垂髪《ときさげ》」に致します）」に整え、大清《おおぎよ》と申します清い装束を着けます。

私どもは、御前に座し、邪心を持たずただ謹みて、両陛下、東宮様はじめ、宮様方御一方様の御機嫌よう、万々年までも幾久《いくひさ》しゅう、御寿命御 長久《ちょうきゅう》さんに御繁栄さんであらせられますようにとの思いでご奉仕させていただきます。先に御殿の掃除を済ませた若い内掌典も、次々に潔斎《けっさい》の後、御殿に上がり、その日の御用に合わせて御神饌《ごしんせん》のお清めなど仕度を致し、それぞれに決められた御用を勤めましてございます。

上席の内掌典は朝の御用、お夕《ゆう》けの御用、夜の御用で、朝夕欠かさず潔斎して身を清め、大清に着替えて御殿に上がらせていただきます。若い内掌典もまた、時によって大清の御用を勤めます。

神様にお仕え申し上げますのに、土曜日、日曜日はございませず、毎日同じ御用ながら、それでも清々しく来る日もまた新しい気持ちで勤めさせていただきました。

私が賢所に勤めさせていただきました五十七年間に、日々の御用が途絶えたことはかつて一度もございません。戦争の最中も、昭和天皇様がお隠れあそばしました日も、まったく変わらず日々の御用をさせていただきました。

その上に、月に三度の御旬《おしゅん》、旬祭、年中の宮中祭祀《さいし》、あるいは、遠い昔から伝わります御神事、また臨時の御神事など、巡りきます御用をただお滞りなく奉仕させていただきますことに心を傾けておりますうちに、一年が過ぎてゆきます。

御用と伝統を護り

　御神事とはまた別に、御殿の御用と並行して、候所のみに伝わります古い伝統に倣《なら》った行事がございます。

　元旦から十五日まで、〆の内の行事から始まる候所でのお祝膳《いわいぜん》は、内掌典だけに伝わります伝統でございます。

　節分になり春を迎えると、お雛《ひな》様を飾って一同で心和ませて楽しく童心に返る一時もございます。

　春季皇霊祭《こうれいさい》・神殿祭《しんでんさい》が過ぎ立夏《りっか》になりますと、夏の衣替えをし、水無月《みなづき》になり暑くなりますと、神様が少しでもお涼しいように御殿のお障子《しょうじ》をお開け申し上げます。

　九月、十五夜十三夜のお月様に雑仕《ざつし》がお清所《きよどこ》（台所）でこしらえましたお団子に、お芋やお豆、果物などの品々を御三方《さんぽう》いっぱいに盛ってお供えしてのお月見がございます。

　やがて秋季皇霊祭・神殿祭の後、十一月初めまでに御三殿御内陣のお煤《すす》払い申し上げ、立冬《りっとう》を迎え、十一月鎮魂祭、新嘗祭もお済みあそばします。

　はや十二月、その年の最後の甲子《きのえね》の日には、候所をお護りいただきますお大黒《だいこく》様をお祀り申し上げ、お福をいただき、健康で無事に御用を勤めさせていただくようにお祈り申し上げます。

十二月初旬には、御三殿の御簾や御幌《おとばり》を、順次お取り替え申し上げ、賢所御神楽のお仕度に時が過ぎ、おめでたく十二月中旬は、お大事な賢所様の御祭でございます。

年末に四方御鏡餅《よものおかちん》を供じ、除夜の御用を済まさせていただきますと、もう元旦になりましてございます。

元旦は午前零時に起き、仕度して潔斎の後、午前一時から御殿に上がり、賢所御前に相変わりませずおめでとうの三々九度《さんさんくど》の御盃を供じ、御上、皇后様、東宮様が御機嫌ようお過ごしあそばしますようにと御祈念申し上げ、御神饌を供じ、御鈴《おすず》を上げ、元日の早朝、いまだ明けやりませぬ年の始めの歳旦祭《さいたんさい》にて御三殿に、御上、東宮様が御拝あそばしましてございます。

二日、午前五時、賢所御内陣で相変わりませずおめでとうお掃き初め申し上げますのも内掌典でございます。賢所の掃除を終えました旨を御所の女官さんへ申し入れ（報告し）ますと、御所ではその年になって初めてのお掃除をあそばしますことと伺っております。

二日祭、三日祭に続き、三日元始祭《げんしさい》には両陛下、東宮両殿下も御三殿に御拝あそばし、世の太平を御祈念あそばしますことと拝察《はいさつ》申し上げておりました。

元旦より十五日間は、お菱葩《ひしはなびら》とともに、〆の内の御神饌が上がります。

御殿の御用と候所の行事やおしきたりが相まって過ごさせていただきますうち、春が来て、秋からの御祭を迎えます。

すべての御用は決して書き残すことは許されませず、上のお方様から口伝《くでん》でお教えいただきましたことを自分の心の中で覚え、身に着けることでございました。

四十年余りにわたり、ともに御用を勤めさせていただきました上席の三上内掌典はじめ、上のお方様のお側でお教えいただき、拝見しながら馴れさせていただきましたお陰さまでこそ、受け継がせていただきましてございます。

この至尊《しそん》の伝統を、若い内掌典に引き継ぎますことのみを願いながら、三上様退職の後は若いお方々とお互いを信じ、時には師弟になり、時には家族のように穏やかな心で毎日を過ごしつつ、一同気持ちを合わせて、ただただ一所懸命に日々の御用、年中の御神事をまっとうさせていただきました。それは活気に満ち、自分の歳も忘れましてございます。気がつきましたら七十五歳になっておりました。

若い内掌典がだんだんと奥深い御用をさせていただきます時、神様の尊さに畏れ入りながら、目に見えませぬとも自然に神様の御光を戴きまして、身も心もみがかれてゆき、たとえようもございませぬ清々しい品格が身に備わりまして、美しさに輝いて見えましてございます。

世の中がどのように変わりましても、皇室の中心においであそばします賢所をお護り申し上げます至高の伝統が昔のまま続きます時、賢所様は御静謐《ごせいひつ》にあらせられましてございます。

賢所を退きまして、思い出がだんだんと遠のきましても、賢所様の尊い御用をさせていただきました無上の光栄と、自ら戴かせていただきました御光を一生伏し拝み、在職中に両陛下より戴きました身に余りますお温かな思し召しが、ただただありがたくもったいなく、その至福を押し戴きながら、皇室の幾久しいご繁栄さんを御祈念申し上げ、遥かより手を合わせる毎日でございます。

目次

第一章

上がりましてからのこと

上がりますまで

私の実家は滋賀県の大津で代々蔵元をしておりました家系です。父は七人兄弟の長男で、祖父が早くに亡くなりましたので、歳若くして家業を継ぎ、旦那様として厳然としていました。母は、その酒蔵の大きな台所を預かり、父によく仕え、祖母をはじめ叔父、叔母などのいます大家族の中で一所懸命でございました。

仕込みの時期になると蔵男たちがたくさん集まり、それは活気に溢れてございました。近所の家も昔からの家柄で、お互いに通じ合える温かい昔ながらの町でございました。

中でも向かいの大きなお米屋さんの子供たちは歳も近く、毎日よく遊びました。米俵がいっぱい積み上げてあり、その俵の山に登ったり飛び降りたり、履物をその俵の間に隠す「下駄隠し」という遊びに夢中になりましたのを覚えております。私の家の裏には背丈より倍以上ある大きな酒樽がずらりと並んでいて、そこでもよくかくれんぼをしたものでございます。

ところが私が小学生のころ、家業が破綻致しました。子供の時ですから何で倒産したか私には分かりません。とにかく急に事業が立ち行かなくなり、生活が一変致しましてございます。

昔ながらの酒蔵、酒造りの大きな工場、広い庭、二階が二つある大きな昔の家、門口の大戸を上げるとお酒を仕入れに来た業者の牛が門口から荷車を引いて入り、台所を通って奥のお酒倉で荷車いっぱいお酒を積んで出てゆきます懐かしい家はもうありません。

家屋敷を売り払いまして、琵琶湖の湖畔の大津市内に別の小さい家を借りて一家で移り住みました。落ち込みました父を母はいつも支えて、とにかく二人の兄たちと私を育ててくれました。

そして、時が経ちますと生活も安定し、昭和十二年、私は女学校に進学致しました。そのころは女学校に進学できましたのは、小学校の同級生で六人ほどの時代でございました。

女学校を卒業しましたら裁縫と家事を習い、お嫁に行くというのが当時の女性の普通の生き方でございました。いまのような人生を選択するなどとは思いもよりませんでした。

昭和十八年のこと

賢所《けんしょ》に上がらせていただくお話をいただいた時、私は女学校を卒業してすでに一年が経っていました。大学に行くか、そうでなければ地方の軍需工場などに勤労奉仕に行かなくてはいけないということで、どうしようか迷っていた時期でした。

生まれは滋賀県の大津。生家は代々お酒を造っており、比較的に恵まれた家庭で、琵琶湖を眺めながら伸び伸び育ちました。そんな私に賢所へお勤めのお話をいただきましたのは、京都にいた母方の叔母。たまたまその隣家に、内掌典《ないしょうてん》でおいでになりました中井《なかい》辰江《たつえ》様（旧姓大野《おおの》辰江様）がお住まいでございました。大正時代から十三年ほど賢所にお勤めされました後、結婚されて叔母の隣家にお住まいになって、親しくさせていただいてございました。

その中井さんが上京されました折、賢所に御機嫌伺いのためにお訪ねあそばされましたところ、「いま欠員があるので、どなたか内掌典に上がれる候補の方がいたらよろしくお願いします」と、当時の内掌典のお方からお伺いあそばしましたそうでございます。そういった経緯で、叔母を通じて、そのお方からお話を伺ったのでございます。

誠に思いもかけませぬお話でございました。やがては結婚して家庭をもうけ、普通に一生を終えるのだろうと思っておりました。そこへ、私に賢所へのお勤めのお話が舞い込んできたのでございます。

実を申しますと、内掌典のことを知ったのは、それよりずっと以前、女学校の三年生か四年生の時のことです。天長節の式典で、校長先生の式辞がございました。「この学校の卒業生で宮城の賢所という所にお勤めしている人がいる。学校としても光栄なことだ」というお話をされていたのでございます。

私が学んだのは滋賀県立大津高等女学校でございます。一年生の時、修身の時間で、宮城には宮中三殿《きゅうちゅうさんでん》があり真ん中が賢所、向かって左が皇霊殿《こうれいでん》、右が神殿《しんでん》と教科書に図解があったのを漠然と覚えておりました。そんなに尊いお場所でお勤めされていることに驚きながら、そのお方が女学校の先輩でいらっしゃいますことを存じておりました。

そのようなお役は、神社さんの子女でいらっしゃる方か、華族の関係の方々がなされるのだろうと思っておりました。事実、当時は神社のお方と宮内庁に関係のあるお家柄のお方がお勤めあそばしてございました。私には縁のないことだと気にも留めていなかったのです。まったく不思議な縁としか申しようがございません。戦争も激しくなってきており、何か特別のことをしたいと思っていました。そんな時にお話をいただいたものですから、お勤めさせていただくことを自分で決めたのでございます。

母は、「お前がそう決めたのなら」と言ってくれましたけれども、父はためらいました。

父は、そのような尊い所に上がるような身分ではないと思ったのでしょう。それだけでなく、いったん上がったら十年はお勤めしなくてはいけないというのが決まりでした。当時私は二十歳ですから、十年お勤めしたら三十歳になります。いまと違って、三十歳になりましたらもう嫁の行き先もないというので、父が反対したのかもしれません。

でもとにかくお勤めさせていただきますと申し上げ、家族の心配をよそにそれからとんとん拍子にお話が進みました。京都御所で掌典職《しょうてんしょく》のお方様にお会いして、簡単な面接を受けました。

やがて宮内省掌典職から採用の通知をいただきました時は、夢のようでございました。

初めて賢所に上がった日のこと

お話をいただきましてから三カ月後、昭和十八年六月のことでございます。いよいよ上がる前日になり、特急列車に乗って上京致しました。実家から母とともに上京致しまして、東京に住まっておりました京都とは別の父方の叔母の家に身を寄せました。

皇居に伺うのは初めての経験でございます。私はもちろん、母も緊張していましたので、交わす言葉もほとんどありません。戦争中でございましたから、ひょっとしたら今生の別れになるかもしれません。そんな中、日本でもっとも尊い神様にお仕えするのですから、「しっかりやりなさい」ぐらいは母から言われたはずですけど、とにかく緊張していたのを覚えているぐらいで、その時のことはほとんど忘れてしまいました。

六月一日の朝になり、仕度をして叔母も一緒に三人で出かけました。正装をしてくるように事前に言われておりましたが、当時は戦時中で布を求めますのにも衣料切符が必要で、訪問着などとても新調することはできませせず、叔母の訪問着を借りて着て参りました。

日黒から省線《しょうせん》電車で東京駅まで出て、駅からは歩いて坂下門まで参りました。御門の警手さんに道順は教えていただいていたのですが、皇居の中は広うございます。坂下門から乾門まで続いておりますす道を真っ直ぐ進み、その途中にある坂を上っていきますと一本道になります。

両側に木がいっぱい茂ります道の片方は、白い塀が続いてございました。その白い塀が途切れ、たどり着いた所が賢所の通用門でございます。

その日はとてもよいお天気で、六月ですから暑うございました。袷《あわせ》の訪問着でございましたので、汗をかきながらやっと到着しました。

お玄関に入りますと、そこはお玄関兼応接間の六畳二間が続いてございます。二間続いた奥の間で私ども三人でお待ち申し上げますうちに、三上内掌典はじめ五人の内掌典のお方様がお揃いで白羽二重のお召し物に緋の袴《はかま》をお着けあそばしておいでになりました。皆様のお髪を前から拝見しますとお雛様のようなお形でお美しく正装されまして、相対してお座りあそばしました時、あまりに違います別世界のお姿にただただ圧倒されました。

母と叔母に同行しました労をねぎらっていただきましたり、私のいまの気持ちなど聞かれ、ただただ夢見る思いでございました。私はお尋ねいただきますことだけお答え申し上げましたが、緊張のあまり何をお答え申し上げましたか覚えはございません。

お昼時になりましたので、母と叔母には黒塗の大きい御膳で温かいお食事をいただきました。しかし、私は食べることができません。賢所はお清い所でございますので、上がりましたらまず身体を清めましてから食事を致しますことをうかがってございました。また、上がりますその日は、午前零時から食物や水を口に入れないように申しつかっておりました。朝から何も食べないでずっと歩き通しでしたので、とてもお腹が空いて、母と叔母がご飯をいただいていますのを、ただ座って恨めしそうに見ているだけでございました。

食事が終わるころ、皆様が再びお玄関の間においでいただきまして、母と叔母の二人は結構にお食事をいただきました御礼を申し上げ、私のことを、「よろしくお願い申し上げます」と何度も何度も重ねて丁寧に御挨拶を申し上げ、皆様のお見送りをいただいて御門を後に致しました。

交わす言葉がございませんでしたが、母の眼差しに私に寄せる無言の熱い思いが胸に沁みて、言葉に尽くせませぬ淋しさと不安でいっぱいになりました。

一人になりました私は、畳廊下を通って、候所《こうしょ》に案内をしていただきました。

その時はもうどきどき致しまして、本当にもう夢中でございました。初めての候所、内掌典のお方様方は白い羽二重に緋のお袴をお着けになって、ずらりとお並びあそばしています。全身から醸《かも》し出されます独特のとても厳粛な雰囲気があり、ただただ

「どうしましょう」と思いましてございます。

外から着てまいりましたままの服装では候所には入りませず、畳廊下で敷居を挟んで改めて御挨拶を致しました。

それからすぐに、私の場所として決めていただきました六畳の部屋に通され、着てきました着物を全部脱いで、お湯殿で仕度ができましたお湯を掛かりまして身体を清め、お仕度をいただきました着物の着方を教えていただき、今朝から初めて楊枝を使って口をゆすぎ、顔を水で洗いました。その後、候所に出まして、お清めさせていただきました御挨拶を申し上げ、お世話様になりました御礼を申し上げまして、そこでやっと、候所の内に迎えられました。

それは私が、一般の社会から遠ざかり、別世界に入った瞬間でもございました。

お清めを終えて、十二時過ぎましてからその日初めての食事をいただきました。皆様と一緒に、いろいろのおしきたりを教わりながら。昼食後、髪を清めて、御所の髪型に上げていただきました。

何から何まで上のお方様に御親切に教えていただき、緊張の第一日目でございました。

候所は、私ども内掌典の生活の場でありながら、同時に神様がおいであそばしますお清い御場所でございます。

初めは候所で着ます着物やひよなど必要な品は新しく揃えていただきますが、肌着や足袋《たび》やお化粧品、また、日用品など自分で揃えますものは、家では開けませず、そのままの新品を持参致します。母が仕度をしてくれました肌着などを持って上がりましたが、たとえ使っていない新しいものでも、家にありましたものは使えませず、それらは実家へ送り返しました。

戦争中でございましたし、外出の着物もなかなか新しくできません。下着類やお化粧品も、揃わない時代で大変でございました。上のお方様はよく、「私どもはお嫁に行くほど持ってきたんですよ」と言われましたが、私はそれができなくて、本当に最小限の物をどうにかやっと揃えましてございます。

賢所での生活の始まり

賢所に上がる前に叔母の隣家の方に教えていただきましたのは、「毎日袴をつけて御殿に入らせていただいて御用をする」ということぐらいでございました。賢所はもっとも尊い所とは聞きましても、どのようなお場所なのか、想像もできませんでした。上がらせていただきましたその日から、まずは候所のおしきたりを教えられました。朝起きてから夜休みますまでの一日中のおしきたりがございます。それは御殿の御用だけでなく、御用をさせていただきますために身を修めることから始まります。毎朝顔を洗います時にもタライで清めますことなど、外での生活はそのまま通用致しませず、一つひとつを上のお方様について、そのおしきたりに沿う毎日でございました。

賢所での生活はすべて着物でございます。お休みをいただいて外出する時もすべて着物でございまして、洋服は着ません。もっとも、当時は三年間外出はできませんでした。これは、一つにはいまだ馴れませぬうちに家へ帰ると里心がついて気力を失う懸念と、また一つには、いろいろと必要品も備えたり、外出用の着物一揃えにも費用がかかり、謹むようにと教えていただき、お休みや遊びに行きます楽しみが三年間許されませんでした。ただし、家で不幸があった時、また、その理由によっては家に帰らせていただき、外出も許されましてございます。

これは賢所のお決まりながら、一般世間でもこの時代には、奉公に出た若者が一人前になるための戒めとして普通のことでございました。

賢所では候所をはじめすべて畳の間でございます。座布団はございませず畳に直に正座の毎日でございます。私どもの若いころは、どこの家でも畳の上の生活で座ることが当たり前でしたし、お座布団を敷きませずとも正座に困ることはございませんでした。

余談になりますが、現在の若いお方はなかなかに畳の上の正座は難しいようでございます。初めは膝が赤くなって足も腫れたりしますので、湿布《しっぷ》などを貼って大変な人もいます。また、食事の時なども袴をつけたままで座っていただきます時、袴の内で正座を崩しますのを、本人は悟られないと思いましても、側に座っていますと体型が崩れていますのが分かり、注意致します。誰も見ていない所でも必ず正座をして、すべてのことに身を謹むように教えましてございます。

さて、このようなお決まりのございますことを徐々に伺いながら、毎日の生活の中で「次清《つぎきよ》」（第三章）をはじめ、いろいろな決められた規律をお教えいただき、常に上のお方様について行動してそれらを覚えることでいっぱいでございました。次清を覚え、上のお方様に申し上げます敬語や御所の言葉遣い、そして座ることの三つが、拝命致しましてから始まります基本の修行でございます。自分自身との闘いに打ち勝ってこそ立派な内掌典になる道でございますことを教えられましてございます。

私が上がりました時には、内掌典は私を含めて六人でございました。当時おいでになりましたのは、堀松子様（四十五歳＝当時。以下同）、三上下枝様（三十八歳）このお二方様が中心になって御内陣《ごないじん》の御用をあそばし、三十歳代の松崎寿美子様、福島安子様、中根八十子様の御三方《おさんかた》様で、どなた様方も十年以上お勤めあそばしますお方様ばかりでございました。そして上がったばかりの私が数えで二十歳でございました。

また、内掌典とは別に、高木勝子様とおっしゃいます御用掛のお方様がおいでになりました。当時七十歳でございました。高木様は内掌典として十五歳から五十年間お勤めあそばした後、いったんお退《さが》りあそばし、改めて御用掛を拝命され、御用の後見役をあそばしましてございました。上野にお家がございまして、御祭《おまつり》の時には宮内庁のお車でお迎えにあがり、当日は候所で伺候《しこう》されていらっしゃいました。

いまは、一度退がりますと内掌典は賢所と疎遠になりますが、その昔は、御用のことで分からない時には御用掛のお方様にお尋ね申し上げましたりということで、御用の伝統が守られてございました。

とにかく、紙に書かれたものなどなく、御口上もお作法も、上のお方様の側で拝見しながら覚え、口伝《くでん》で代々次の人に引き継がれてまいります。

私も上のお方様に倣《なら》い、拝見することで御用を覚えてまいりました。ただただ毎日ついて歩き、あそばしますことを拝見させていただきながら、ある時は御親切にお教えいただき、次第に御用をさせていただきました。

朝起きてから休みますまで共同生活で、毎日一緒に過ごさせていただきますと、特別な間柄になってゆきます。上のお方様は、ある時は先生であり、ある時はお母様のように慕い、心通じ合う家族のような関係が自然と築かれてゆきましてございます。

拝命の日のお清め

上がります当日は、午前零時より、決して口に食物や水を入れないこと。歯みがきをしたり、水を口に含んだりしないこと。飲まず食せず、朝起きたままの状態にて上がること。従って、当日の午前零時までにお腹を満たし、口を清ましておくこと。髪は切らずに伸ばしておくこと。当日は必ず衿より上にまとめて上げること。化粧は薄めに。訪問着にて上がること。ご両親とともに上がること。

こうしたことを拝命の日が決定した時、本人に申しおきします。家を離れてここで起居《ききょ》をともにするに当たって、内掌典のお勤めに理解をいただき、ご両親様とも親交を深めるために会います。

拝命当日

新人本人、ご両親ともに、庁舎掌典職《しょうてんしょく》で午前十時ごろ、内掌典拝命の辞令をいただいた後に、賢所へ上がります。玄関応接間にて在職の内掌典一同、袴をつけてお迎えします。

新人、ご両親と互いに紹介し合い、拝命のお祝いを申し上げ、このたびの御縁を慶び、ともに結構に尊い御用を勤めさせていただきます幸せと、ご両親の理解と励ましをお願いし、ご両親退出。お別れを惜しみながら一同で見送ります。

新人を候所へ案内し、内掌典と改めて挨拶。内掌典拝命をお祝いして、互いに今日より信じあい、頼りあいながらの生活の契りを結びます。

雑仕《ざつし》二人も内掌典候所へまいり、新任の挨拶を交わします。

次に、訪問着のまま、上席の人の先導にて御三殿におまいりさせていただきます。この日に限って訪問着のまま御三殿に上がります。いただいた辞令を奉書に載せて持参、お正面御縁に座し、御殿に向け膝前に奉書に載せたままの辞令を置き、平伏、手を合わせ拝命の御挨拶を申し上げます。

候所に戻り、初めて御殿にお辞儀をさせていただきました御礼を先輩内掌典に申し上げ、常直の掌典職のお方にも拝命の挨拶を申し上げます。

皆様に挨拶が終わりましたところで、候所にてこれからさせていただきますお清めの挨拶をして、これから使わせていただきます部屋に案内されて、次席の人を中心に、先輩内掌典についてお清めを致します。

廊下を挟んで候所の向かいにございます内掌典自室にて、ハトロン紙もしくは畳紙《たとうし》の上に、帯、着物、長襦袢《じゅばん》など着てきたものを脱ぎ、下着のまま、次席の人の先導で雑仕のお湯殿に向かいます。

雑仕の湯殿にて、板の間に広げた大きな紙の上に脱いだ下着を置き、次席の人に教えられましたように、お掛り桶のお湯を、肩から十分にかけてお清めします。

次に、隣にある内掌典のお湯殿に裸のまま移動。同じように、お掛り桶のお湯を身体にかけて、お清めします。

お湯殿の板の間の衣桁《いこう》に掛けてある浴衣を着て、水滴を拭います。身体を拭いました浴衣の内側は「次」ですから衣桁に触りませぬように、浴衣の表、背中の衿付きのところを、衣桁の掛け具に掛けます。

次に、用意されました「ひよ」、裾《すそ》よけ（腰巻）を着け、足袋を履きます。足袋などを触っているので手が「次」になっていますので「ひよ」には触らず、そのまま仕舞所の水道まで行き、手桶の水を柄杓で手にかけ、さらに水道で清めてから手を拭い、「ひよ」を打ち合わせます。

そしてこの時、今日初めて、水でうがいを致します。

着替の間にて、新人本人のために衣装箱に揃えられました着物を着ます。

着物を絡げて下紐で結び、衿を整えて、赤い羽二重の丸絎《まるぐけ》（丸くくけて、縫い目が表に見えないように縫って中に綿を入れた紐）で結び、おひとえ（緑生絹の帯）をします。

新人が用意をしています間、教えるお役の人以外の内掌典は、仕度の品として本人が持参してきました化粧品、食器など、私物を手分けして清めます。

拝命の日に持参するものは、押入れ簞笥《たんす》、夜具、食器類一式、化粧品、肌着、足袋、次のもの、腰紐などと、また外出用の和服一揃え、洗面洗濯用具、文具など。なお、化粧品は、まけ用と常用の二通りをあらかじめ用意しておきます。

持参するものはすべて新品を新たに買い求め、賢所に上がるまでは封を解かず、賢所に直接送り届けます。此方《こなた》で着ます平常着は、寸法、仕立て、生地などすべて一般のものと違いまして、普通のお店では用意できませんので、新人のためにすべて新しく此方で用意しておきます。

化粧品は、仕舞所水道にて水をかけて清め、その人専用に用意された鏡台に納めます。

食器類は候所の水道で清め、その人専用に用意されたお膳に納めます。

着替えが終わりましたら、楊枝、歯みがきで口を清め、顔を水道で洗い清めて、初めてめでたく賢所の人になります。

この間に雑仕に昼食の仕度をしてもらい、一同、新しく迎えた内掌典を交え、揃って昼食をいただきます。

午前零時より水も口にしませず、朝食もせず、十時には訪問着の正装にて緊張して賢所に上がり、厳しいお清めを終えますまで何も口にせず、お腹が空きます。調子が変になりますはずですが、教えられますまま、夢中の無心に、ひたすらの境地で耐えられますのが不思議でございます。

初めての食事を、「お腹が空いていたので美味しかった」という人、「緊張していただけなかった」という人、いろいろでございます。私が上がりました時、五十七年前の当日、空腹の覚えはもうございません。

食事の時に「次清」の区別などを教えていただきながら、皆で一緒にいただきます。迎えます一同も、毎朝の御用終了と同時に、候所で新人を迎えます準備と、持参の所持品のお仕舞の必要品、食事のお茶碗など、清めの仕度に一所懸命にて作業をともに致します。

食事が済んで後、着替の間にて、寝巻の単衣《ひとえ》と半幅帯に着替え、仕舞所に移り、まず御縁の廊下の出窓で髪にお湯をかけて改めて洗面のお流しで髪を清《す》まし清めます。

髪が乾いたら、びん付け油をたくさんつけて櫛でなじませ、垂髪《ときさげ》（前髪を取り、残りを後ろで束ねて元結《もっとい》で結び、改めて前髪を束ねて丈長紙〔強い和紙を四つ折りにして七ミリぐらいにしたもの〕で結い、十センチ下を黒元結で結び、髪挿《かんざ》しを根元に挿して長い髪を巻き上げる）の形に結います。

次席の人が中心になり、髪清ましの方法や、垂髪の仕方を教えながら、髪を上げてあげます。

髪を上げたら、再び昼着用の着物に着替えて、候所に戻ります。髪清ましのお世話になりましたお礼を申し上げます。

やがて夕食後、皆で手伝って、新しい夜具にシーツとカバーをかけて、風呂敷に夜具一揃えを包み、押入れに片づけておきます。

一通り身の回りのことができてから、着てきました訪問着など身の回りの私物を片づけ、九時、巡回の掌典職の方々に、お退けの挨拶を交わします。

九時過ぎの「御格子《みこし》の御用」を上席の内掌典が勤めます間、若い内掌典は御三殿のお周りを巡回し、この間、新人は候所で控えています。

御用を終えて一同が候所に戻ると、改めて新人、雑仕も同席にて、手をついて「御機嫌よう」の挨拶を交わします。

仕舞所で洗顔など仕度を致しまして、寝巻に着替え、自室で次席の人と隣りあわせで、夜具の敷き方、休み方など教えてもらいながら、拝命した一日目を終えます。

新しい出発の、想像もできません新人の第一日でございます。教えられますままに手を清めることから始まり、いまも続けられています御所の言葉、敬語になじみ、起居を正して無心になります時、御殿の御用をさせていただきながら少しずつ品性がみがかれて、心身ともに清められて、真の内掌典に育てられてゆきます。

拝命翌日

翌朝、起床し、夜具をたたみ、押入れに片づけ、まずは口を清め、洗顔、仕舞を致します。常に次席の人、または若手の内掌典の側について教えられながら行います。

早朝、御殿に上がり御用をします方々の潔斎が終わって後、次席の人に教わりながら新人も潔斎。終えて後、昼着を着て、朝の御用を終えた一同とともに朝食。その後、御殿のお片づけの御用を終えて後、新人の髪を上げます。

次席の人が中心になり、他の人も拝見しながらお手伝い致します。この時の髪型は「おさえ」と申します。前から見ると「おすべらかし」と同じでございますが、後ろが少し異なり、髪を後頭部中心に集めて、丈長紙で締め、長い髪を髪挿しに巻きつけておきます。和紙を十枚以上重ねて固めた上に漆を塗った「つとうら」に、固練り油を引き、頭の中央に付けた「こまくら（髪の根元をかたく安定させ髪をまとめるのに使う桐の根の道具）」に挟み込み、安定させた「つとうら」の上下に髪を付けて押さえます。次席の人がこうして新人の髪を上げますのに四時間ぐらいかかります。

お髪上《ぐしあ》げができましたら、化粧を直して美しく整え、袿袴《けいこ》（「うちきはかま」ともいう）を着せていただいて御殿に上がり、御三殿に改めて新任のお辞儀をさせていただきます。

上席の人の先導にて、侍従お手水にて手と口を清め、御殿に進みます。御門口《おかどぐち》から御外陣に入らさせていただき、御前に向かって座し、平伏して両手を合わせ、御口上申し上げます。

「このたび、○月○日付け（現在はほとんど四月一日）で内掌典を拝命させていただきました○○○○（フルネーム）でございます。今日正装致しまして初めて御殿に入らさせていただきまして、改めてお辞儀をさせていただきます。冥加《みょうが》に叶わせていただきまして、結構に此方に上がらせていただきまして畏れ入りましてございます。これから一所懸命お勤めさせていただきます。どうぞよろしくお願い申し上げます」

皇霊殿《こうれいでん》、神殿《しんでん》にも同様にお辞儀。

終わりまして、侍従お手水にてお手水の後、候所に戻り、内掌典全員に向かい次のような口上でのご挨拶を申し上げます。

「ただいまは正装させていただき、お陰さまで初めて結構に御三殿の御殿の中でお辞儀をさせていただきまして、畏れ入りましてございます。これから一所懸命お勤めさせていただきます。いろいろとお世話になります。どうぞよろしくお願い申し上げます」

髪も上げていただき、袿も着せていただきまして、畏れ入りましてございます。

さらに、上席の人に、

「御殿でいろいろとお教えあそばしていただきまして、畏れ入りましてございます」

それに応えて上席の人。

「今日はおめでとうございます。正装で初めて御殿でお辞儀をさせておいただきにな りましておめでとうございます。どうぞひたすらにお勤めになりますように。私ども こそいろいろとお世話様になります。どうぞよろしくお願い致します」

続いて、正装のまま、常直の掌典職に挨拶にまいります。終わりましたら候所に戻 り、昼着用の平常着に着替えて袴のたたみ方などを教わります。

翌日からは、しばらく御外陣お清流しの御用を拝見し、候所のしきたり、言葉遣い、 敬語など徐々に教えられ、先輩のお方に従い、自らを修めていきます。

「御殿の次清」、「候所の次清」、それは内掌典を拝命した者にとって、何より大切な 掟でございます。

初めは気づかず、清いはずが次になっています。それを他の人に指摘されても決し て怖い顔をしないことを戒められます。教えていただくのであって、不敬な態度は許 されません。必ず「畏れ入ります」と申し上げて、素直な気持ちで自分を顧みること は、いまも昔も同じでございます。自分に打ち勝つ勇気を持ってこそ、神様の思し召 しに適わせていただき、自分を高めることができます。

遠い昔から厳然と伝えられてきました厳しい「次清」は、最高にお清い神様にお仕え申し上げます道でございます。この「次清」は誠に道理に適った自然の条理でございます。修めてゆきますうち、自ら身につくものでございます。

最初の試練

賢所での最初の試練は、髪を上げることでございます。

前から見ると「おすべらかし」と同じ形で、後ろは長く垂らしませず、頭の中心にまとめ上げましたハート型の特有の髪型でございます。

日常の規律や御用のしきたりなどは覚えなければなりませぬことが多くとも、またそれ自体難しいことでございましても、上のお方様についてさえいれば自然に身についていきます。ですが、髪を上げることだけは相当の自分の努力が必要でございます。

慣れない時には髪を上げますのに十二時間ぐらいかかります。初めの二、三度は上のお方様に教わりながら上げていただくのでございますが、その後は自分でできるようになりませんと御用ができません。

最初のうちには、朝、御用が終わって十時ごろから晩の十二時ごろまでかかって悪戦苦闘しながら、それでも上手に上がりません。苦労して上げました髪も三日目には必ず全部解いて上げ直します。親獅子が子獅子を谷底に落としますように、本人の努力をひたすら見届けます厳しさの中の親心でございます。

寝る時は髪が崩れないように箱枕で寝ますのですが、これも慣れないうちは肩や耳の後ろが赤くなって痛くなります。日本髪を上げます時に使います「びん付け油」をたっぷりつけますので洗う時はまた大変で、私が上がりました時には粉固形のシャンプーでございましたが、なかなか落ちませんでした。だんだんと最近は良質のシャンプーが使えるようになりましたけれども、やはり何べんも洗いませんと泡立ちませず、熱湯で洗いませんと落ちにくいので、若いお方は水道でお水を手にかけて冷やしながら熱湯で洗うと申しています。ただし、洗髪は月に一度、「まけ（生理）」のお清めの時させていただきますだけでございます。

以前は岡山の『丁字香』と申しますお店の昔ながらの製法で練り上げた固練り油を取り寄せて、髪を上げました。お客様が玄関に来られますと髪の油特有の匂いがするそうでございます。このびん付け油はハゼという木から油を採るそうでございますが、そのハゼの木が災害でずいぶんと失われたと伺いました。

現在は東京のお店のびん付け油を使っておりますが、髪がピンと張りませんのは、現代の製法になりましたゆえでございましょうか。

私どもは拝命されます前、採用の決定をいただきました時点で髪を切らないように申し渡されます。少なくとも髪は肩より長くないと形になりません。上がりましてから三年間ずっと髪を上げていますうち、やがて座って畳につくぐらい伸びる方もおられました。

本当の地毛で髪を上げますのは、皇居の中でも私ども内掌典だけになりました。真にこの髪型は人に知られませぬながら皇室の、いえ、日本の貴重な文化財でございます。お若い方の苦労はよくよく分かりながら、櫛《くし》の持ち方、油のつけ方を教え励ましながら伝統を守る内掌典でございます。

賢所ではいまも内掌典は現代のファッションとは関係なく、昔ながら決められました御所の姿をいまもひたすらお護り致しておりますことでございましょう。

周りの人から言われることでは、内掌典は皆肌が綺麗だそうでございます。三上様など拝見していますと肌がツルッとされて、「剝き卵みたい」だとよそのお方によく言われておいでになりました。

手はしょっちゅう洗い清めておりますし、毎日朝夕は潔斎《けっさい》して顔もお湯でよく清めます。また、賢所では鶏肉のほかは動物性の食品はいただきませず、お魚と繊維質の多い野菜が中心の食生活でございます。

皇居の中は都心でありながら空気もよく、木々に囲まれて景色も綺麗で、毎日決まった御用をさせていただきます規則正しい生活で、健康と美容に大変よい環境のようでございます。

内掌典の御用は一生の修行

初めの一週間は何もしないで、上のお方様にただついて歩いておりました。手を洗うことだけは最初に教えていただきましたけれど、それ以外はただ拝見しているだけでございます。とにかく「次清」のことを厳しく言われ、着替えの時無意識に腰より下に触っては「手を洗ってらっしゃい」、御殿でうっかり着物に触れては「手を洗ってらっしゃい」と言われましてございます。自分では気づきませぬうちに手を「次」にしています。それが自分で気づくまでには日時がかかりますが、だんだんとそれができるようになりますと初めて、簡単なことから徐々に教えていただきました。

若い内掌典の最初の仕事は御外陣《おげじん》の御用でございます。朝起きて、御殿に上がり、お手水《てみず》で手を清めて、御殿の御扉をお開けしますことから始まります。お掃除のために御幌《おとばり》を上げ、シュロ箒で御外陣をお掃き申し上げ、また、五日に一度はお拭い申し上げて、再び御幌を下ろして綺麗に折り整えますのを教えていただきますが、これがなかなか難しゅうございます。

そして、お掃除ができるようになりますと、今度はお清流しで御神饌《ごしんせん》をお清めしますことを教えていただきます。ある程度教えていただくと一人でするように言われ、完全にできるまで上のお方様にじっとご覧あそばしていただきます。

一月ぐらいさせていただきますと、今度は本格的に自立していきます。とは申しましても、御神饌をお清めする時にも、お流しで清める時のお魚の持ち方、お昆布の清めますしきたりとか、一つひとつに細かいしきたりがございまして、言葉で教えていただいても、一人でさせていただきますと戸惑って分からなくなりますので、上のお方様がご安心いただきますまで側についていただきましてございます。

私も、上のお方様には、「一度しか教えませんよ」とよく言われたものでございます。教えるのは一度だけであとは見て覚えるようにということでございますけれども、御口上などは何べんうかがっても覚えられずに苦労致しました。上のお方様はスラスラとおっしゃいますので、早くて聞き取れませず、覚えられないので困って、「恐れ入ります、もう一度お教えあそばしていただきとうございます」と申しますと、「いつまで覚えられないのですか」などと叱られたこともございました。御用のことは紙に書いてはいけないと言われておりましたので、頭で覚えるほかはございませんでした。

けれども、このようにして苦労して身につけることによりまして、千年もの昔から変わることなく御用が受け継がれてきたのだと思います。

本当に何も変わりませず重ねて御用をさせていただきますうちに、だんだんと敬虔《けいけん》な気持ちになります。それは、恐れながら、そこに神様が成らせられまして、生神様にお仕え申し上げますような気持ちに自然になりましてございます。

しかしそれには、上がりましてから何十年もかかりました。その間、不調法のないようにと思うことだけで精一杯で、五十年が過ぎまして、辞めさせていただきます前ごろになって、私自身も恐れ入りますことながら御用を体得させていただきました。まさに一生の修練でございました。

第二章

内掌典の御用

内掌典《ないしょうてん》の一日

内掌典の御用は、日々の朝、夕、夜の御用。毎月一日、十一日、二十一日の御旬《おしゅん》の御用、旬祭《しゅんさい》の御用、一年中の宮中祭祀《さいし》による御祭《おまつり》の御用などがございます。御祭以外では、日々御燈《ごとう》をお守り申し上げる御用。御殿の御品、また日々御使用の御品のお清め。一カ月一度の御三殿の大掃除。一年一度の御三殿の大掃除。賢所《けんしょ》様の年中行事。隔年または四年に一度お取り替えの御用などがございます。

その他、行幸啓《ぎょうこうけい》、御成婚につき臨時の御用などなど、内掌典の御用は一年を通して数え切れないほどでございます。いつでも御用ができるように、毎朝潔斎《けっさい》を致しまして、御殿に上がります服装にて候所《こうしょ》に伺候《しこう》致します毎日でございます。

日々の御用は、毎朝六時に起床することから始まります。

内掌典のうち、上席の一人が大清《おおぎよ》（御内陣《ごないじん》の御用をするもっとも清い服装）を着て御殿に上がります。

起床後ただちに仕舞所《しまいどこ》（お化粧の間）で、まずは水道の水で歯をみがき、口を清めた後、仕舞所外の廊下の御縁にある、廊下と同じ高さのお流しで、直径約四十センチのタライにお湯を七分目ほど入れます。御縁に半畳のござを敷き、その上に座して両手と肩肌を脱ぎ、両手、肘をタライにつけて顔、腕、衿回《えり》りを洗い清めます。タライをお湯殿棚に片づけ、鏡台の前に座し、仕舞を致し、髪を上げ整えます。

その後、お湯殿にて潔斎。お湯殿には直径約八十センチの大ダライに八分目くらいお湯を入れてございます。座って下半身を清めて後、お掛り桶のお湯を柄杓で肩からかけて、身体全体を清めます。お湯をかかりましたら浴衣を着て水滴を拭います（浴衣はさらし木綿で、衿、袖が付いています）。

お湯殿の衣桁《いこう》に掛けておきました「長ひよ（長襦袢《じゆばん》）」と「短ひよ（短襦袢）」を重ねましたものを着て、「裾《すそ》除け（腰巻）」と足袋《たび》を履き、手を水道で清めて着替の間に移動し、大清の着物を着て、袴《はかま》、衣を着用します。

上席の人（一番長く勤めている内掌典のこと）が仕度の間、他の内掌典は起床後ただちに寝巻から「のこり（昼着用の常態。毎朝潔斎の前、また、夕方お風呂に入ってから着る服装）」の着物に着替え、水道で軽く歯みがき、洗顔の後、御殿に上がり、お手水《てみず》のお流しにて「おしろもの（お塩）」で手を清め、早速御殿にまいります。

御殿では、御門口《おかどぐち》（御殿横の妻戸）をお開けして殿内に入らせていただき、御三殿それぞれお正面の御鍵を内側から外し、御扉をお開けして留め金を掛けます。

御三殿の御格子《みこし》（御外陣《おげじん》両横の格子戸）の御鍵を外し、賢所、皇霊殿《こうれいでん》の御床をお掃き申し上げます。神殿《しんでん》のみ掌典職《しょうてんしょく》のお方が、お掃除申し上げます。

賢所のお後ろには井戸、お清流し、お手水のお流しが並んでございまして、お掃き申し上げた後、お手水のお流しにて手を清めまして、お酒を入れます銀の御錫《おすず》（瓶子）をお清流しでお清めしたりしまして、御神饌《ごしんせん》のお仕度を致した後、いったん候所に戻ります。

入れ代わって、仕度をすませました上席の内掌典が、御殿に上がります。

御殿では、お手水のお流しでおしろもの（お塩）にて手と口を清めて後、賢所横の御門口から入らせていただきます。

賢所に上がりましたらまず、御外陣の御燈にお油をお注ぎ申し上げ、お燈心《とうしん》を「お掻き立て（油皿の中の燈心を掻き出して灯火を明るくすること）」申し上げて、御燈をお直し申し上げます。

次に御内陣の御前に進み、上のお方様からお教えいただきました御口上を申し上げて、御鈴《おすず》をお上げ致します。

候所に戻った若い内掌典は、仕舞を済まし、髪を整え、お湯をかかり潔斎して、昼着用の「ひよ（襦袢）」、着物、袴を着用して仕度を済ませ、改めて御殿に上がります。

お手水のお流しにて、まずはおしろもので手を清め、内掌典御饌殿《みけでん》（御神饌お仕度の間）で、先にお仕度済みの銀の御錫に御九献《おっこん》（清酒）をお入れします。大御饌殿に仕度された御神饌をお清流しでお清めして、賢所御外陣に置きました御素櫃《おすびつ》（約五十センチ四方、高さ六センチ）にお入れし、御内陣の入り口まで持参。御素櫃の中には奉書を敷き、お魚、お干物、お昆布、ご飯、また御盃などをお入れします。御錫の三方《さんぼう》も並べ、皇霊殿にも同様に御内陣までお運び申し上げます。

御内陣で御用を致します上席の内掌典は、御祈念の御用を終えて御神饌を供じ、賢所様に御披露申し上げます。引き続き、皇霊殿にも同様に御披露申し上げます。

八時三十分ごろ、御上《おかみ》の御代拝のため、侍従さんが御三殿にお参りあそばします。当直の掌典補がお装束にて御先導申し上げます。

入れ替わりに内掌典は御用を終えて候所へ戻り、揃って朝食をいただきます。

内掌典の御殿の御用の仕度、また候所のことをします若い女性を雑仕《ざっし》と申します。内掌典と同様に雑仕候所で起居《ききょ》致します。

雑仕は、朝六時前に起床後、和服を着用して候所へまいり、お畳廊下にて内掌典と朝の挨拶を致します。

その後、二人おります雑仕の一人は御殿に上がり、お手水のお流しで手をおしろものので清めてから、お清流しのお手桶にお水を汲み、お清めの仕度を手伝い、その後、内掌典候所のお掃除を致し、潔斎用のお湯の加減を致します。

もう一人の雑仕は、内掌典玄関のお掃除を済ませた後、お清所《きよどこ》にて朝食の仕度。八時三十分までに候所にお膳を出し、内掌典が御殿から戻ってすぐにいただけますように整えておきます。

朝食を済ませた後の午前九時過ぎ、内掌典全員で再び御殿に上がります。

上席の一人は賢所御内陣に進み、早朝に御披露申し上げた御神饌を、御素櫃に「おすべし（お下げすること）」申し上げ、引き続き皇霊殿の御神饌を同様におすべし申し上げます。

他の内掌典は賢所、皇霊殿の御内陣入り口までおすべし申し上げました御神饌を受け取り、お清所から持参の清い大皿におすべし致しまして、お清流しで御素櫃、銀の御錫など皆々お清《す》まし致します。

使いました品々をお片づけ申し上げて後、内掌典一同、御殿外のお正面御縁に座し、御口上申し入れ御祈念申し上げ、朝の御用終了。

候所に戻り昼食後、自分の雑用を済ませた午後三時過ぎ、朝お片づけの時に清ましました御素櫃や御錫などをお拭いして、干しておきました麻のお布巾などを、明朝の御用のため元の場所に片づけます。

夕方になり、日没と同時に御殿お正面の御扉、お横の御格子を、当直の掌典補と一緒に下ろして後、御三殿の御鍵をお掛け申し上げます。

夕食後、上席の内掌典から順次お風呂に入ります。お湯から上がりましたら、上席の内掌典は大清に着替え、その他の内掌典は昼着用から、のこり用の中清《ちゅうぎよ》（常態の衣服）に着替えます。

午後七時過ぎ、お夕《ゆう》けの御用につき、上席の内掌典一人のみ御殿に上がり、お手水のお流しで手を清め、賢所に進みます。御外陣の御燈を拝見し、お油をお足し申し上げ、御内陣に進み、御前に座して朝と同様に御祈念申し上げ退出。候所へ戻ります。

御殿には電灯がございませず、夜間は御燈のお明りのみで御用をさせていただきます。

夜九時、当直の掌典が御三殿にお参りあそばします。当直の掌典補は皇宮警察の方とともに、御三殿のお囲い内に沿ってお外周りの巡回をします。その後掌典補だけで御拝《ごはい》廊下、綾綺殿《りようきでん》、東宮便殿《とうぐうびんでん》をお回りになり、最後に内掌典候所にお立ち寄りいただき、お外周りの異常ないことを私どもが伺い、掌典補も御奉仕の白衣姿にて、内掌典一同揃って、お互いに畳に手をついて「御機嫌よう」とご挨拶を申し上げます。

その後、上席の内掌典一人が夜の御用につき御殿に上がり、お手水のお流しで手を清めまして後、賢所に進み、御燈のお燈心をお搔き立て申し上げ、御前に座して「御殿様（賢所様）御静謐《せいひつ》にあらせられますように」と申し上げ、御上、皇后陛下、東宮両殿下、宮様方が「御機嫌ようおするするとみこしあらせられますように」申し上げましてございます。

終わって、御外陣御門口で御火の御用心に思いをこめて退出。お手水のお流しで手を清ましまして、候所に戻ります。

上席の内掌典が御内陣で御用を申し上げています間、他の内掌典はお提灯を持つ人を先頭に、御三殿のお周りを御高欄御縁に沿って一巡し、ご無事を拝見します。上席の内掌典が御殿を退出した後、御門口の御鍵をお掛け申し上げて、一日の御用が終わります。

内掌典一同揃って候所へ戻ります。候所にて内掌典、雑仕も揃いまして一同「御機嫌よう」と手を畳について挨拶を交わし、今日あったことの報告、明日の予定など話し合います。内掌典、雑仕一同で心を寄せ合う一時でもございます。終わって解散、雑仕は部屋に戻ります。

大清を着ています上席の内掌典は、下着から全部取り替えて、寝巻と着替えます。中清を着ていますその他の内掌典は、下着はそのまま、上着だけ寝巻と着替えます。仕舞所でお互いにおしゃべりなどしながら、洗顔などして休む仕度を致し、候所と、また各々の決められました部屋に夜具を敷いて就寝、一日が終了致します。

内掌典の身分

私どもが所属するのは、掌典職と申します、宮中祭祀を司る内廷の部局でございます。

掌典職には、掌典長をはじめ、掌典次長、掌典、掌典補、また若い出仕さんがおいでになりまして、私ども女性の内掌典と若い雑仕がおります。賢所には決められた方、もしくは交代で、それぞれ自宅からお通いになりまして、夜は当直にて潔斎あそばし、御殿をお護りあそばします。そして御祭の時には、全員早朝から賢所においでになり、潔斎の後、お装束をお着けあそばして、御祭に御奉仕あそばします。

御祭の御神饌は、前日から身を清めた掌典補などによって御饌殿にて整えられ、御祭当日、掌典長はじめ掌典の方々の御奉仕によって行われ、内掌典もそれぞれに御用をさせていただきます。

私ども内掌典の御用は、表向きの公式行事とはまったく関係なく、昔ながらのしきたりに則り、皇室の私的行事としての祭事が、一年中行われてございます。

昭和十八年、私が上がりました時には、宮中祭祀は祭政一致の国家行事でございました。官吏としての扱いを受け、官報にもその名を載せていただき、その俸給は五十五円でございました。ところが大正十二年にお上がりあそばしましたお方様も初任給五十五円で、二十年過ぎましても俸給の初任給は変わりませんでした。

戦後の祭政分離の指令によって公職ではなくなり、現在は公務員に準ずる内廷の職員と申します。内廷職員になりましてから、年齢、学歴によります公務員の制度に準じ、初任給から少しずつ引き上げられましてございます。いまは雑仕も内廷職員として、同じように基準に応じて初任給からの給与をいただきましてございます。

賢所の生活

賢所はとても厳粛な所でございますが、寂しいと思うことはございません。内掌典は常に行動をともにしておりますし、雑仕もいます。掌典、掌典補、出仕さんも、当直でお泊まりになりまして、常時お護り申し上げておられます。

毎日の御用のほかに、月に三度の旬祭や、年間を通して御祭も次々とございますので、事務方の掌典職の皆様も賢所にお上がりあそばします。また、折々のお客様もお迎え致しましたり、結構賑やかな所でございます。

賢所は本当にお広い所で、賢所、皇霊殿、神殿の御殿のお後ろには、御用の準備な

1947年2月11日神嘉殿前にて。左端が著者。

ど、いろいろ申し上げます清いお間、大御饌殿があり、御拝廊下の北側は掌典、掌典補、出仕さんなどの候所が、そして、内掌典候所、雑仕候所など、またこれに付随する部屋も含め、すべてが一つ屋根の下の建物の中にございます。賢所の外に出ることなく毎日を過ごさせていただきます。

　戦時中に焼失しました明治宮殿の跡に建てられました新宮殿は、近代的で重厚な鉄骨作りの建物でございますが、宮中三殿《きゅうちゅうさんでん》をはじめとする御殿は明治の御遷都の後、明治二十二年に建てられたままでございます。建立から百年以上経っていますのに、いまだ堅牢でございます。戦後になってスチーム式の暖房が入りました時、乾燥して傷みますのではと心配されましたが、そのようなこともございませず、立派な建物でございます。

賢所通用門を入って向かって左に内掌典玄関がございます。昔の建物の様式で、四段の木階を上りますと六畳二間が続き、お玄関兼応接間でございまして、お客様もここでお迎え申し上げます。

建物の中は御殿以外ほとんどすべて畳の間でございます。廊下も二枚の畳が縦に並びました畳廊下でございます。

お玄関の奥の六畳間から抜けて一歩奥に入り、その左側が内掌典のいます所でございまして、その左口は木の戸で開閉するようになっています。

昔はお錠口と申しまして、掌典職の男のお方が内掌典に用事で来ていただきます時には、必ずお錠口で一応声をかけてからでないと入れなかったそうでございます。いつもその戸は閉まっていたようでございますが、いまは開けてございます。

お玄関の右側は掌典はじめ、男のお方のお間が続いています。

お錠口から先に進みますと、右手に柿の古木が植えられた中壺《なかつぼ》があり、その先が内掌典候所でございます。

内掌典候所は八畳二間でございます。京間でございますので、東京の畳より大きくて広く、南北に縦に並ぶ二間は、上段下段になって、十センチの段差がございます。

上下段の仕切りには襖《ふすま》が立てられ、常には開けてございました。そこにはテレビもあり、下段左隅には京都からお持ちあそばしました立派なお台子《だいす》がございます。お釜にお湯をわかし、常時お火鉢に火も入ってございます。内掌典一同、御用のない時は、ほとんどここで過ごします。

候所は内掌典が毎日ともに過ごしますお部屋でございますと同時に、清いお間にて、私の若い時には三上様から、「候所にも、賢所様が御殿から時にはならせられ、皆々御覧あそばしますので、常に居住まいを正していますように」とお教えいただきました。

候所では三度の食事に、大きなお膳を囲んで向かい合っていただきます。また、「お間《あいだ》（おやつ）」には、お火鉢にかけてございます鉄瓶のお湯でお茶を入れ、お菓子を皆でいただき、テレビや新聞も見ます。

御用の合間の時間には、着物や下着類を自分で仕立てるためのお裁縫の道具を広げ、着物を仕立てたりします。私が若い時には自分で着物を仕立てましたが、若いお方は仕立て方が分からないのでお教えして、下着（お襦袢）ぐらいは縫えますようになっていただき、その作業の時に、ごく自然におしきたりのことなど、いろいろのことをお話し致します。

内掌典のおしきたりの中で自然に身を修め、内掌典としての自覚の中で重みを増します場所であり、また一同が心通じ合う温かい候所でございます。

畳廊下を挟んで候所の向かいにあります六畳二間は、若い内掌典の自室として二人で一部屋を使って、押入れに私物をしまってございます。一応はプライベートな空間でございます。

私が若い時には、そこで一人で手紙などを書いていますと、「なにぐずぐずしているのですか」などと上のお方様に言われました。常に一同揃って、候所で衣服を仕立て、あるいは仕舞所で髪を上げ直したりの生活でございました。

現在は、自分だけの時間も大事にしてあげたいと思い、若いお方々を信じてそっとしておくようになりました。

お部屋に内掌典各々の座机《すわりづくえ》を置いて、読書をしたり、お便りを書いたり致します。上席の内掌典は中壺を挟んで、候所に向かい合う所にお部屋をいただいております。いまは一人の時間も作れるようになりました。ただし、たとえ自分の部屋でありましても、足を横に出したり、お行儀の悪い姿勢を取らないように、本人の自覚に任されてございます。

六畳二間の北側の襖を開けますと、そこが着替の間、その右隣が仕舞所と申しまして、十四畳の部屋でございます。内掌典各々の鏡、お化粧品、お髪上げの「櫛《ぐしあ》たとう」などを置いてございまして、長い畳のござ二枚の上に五人で向かい合い、仕舞を致します。仕舞所にだけは五十センチ四方のお座布団を敷いています。

仕舞所を出まして廊下を右手に進みますと、「よそよそ（お手洗い）」やお湯殿がございます。また、仕舞所の障子《しょうじ》を開けます所、廊下にはお流しがございます。廊下にござを敷き、お流しにタライを置いて顔や腕、上半身を洗い清めます。また、髪を清めますのもこのお流しでございます。

建物の中には他に、雑仕の部屋などがございます。

雑仕は常時二名おり、内掌典着替の間に続いた所にある部屋が、雑仕候所でございます。その左に雑仕の玄関があり、畳の間や畳廊下で続いてございます。

お清所だけは離れた棟になっていまして、雑仕候所の側から屋根付きの渡り廊下で繋がっています。

日々過ごさせていただきます候所と御三殿は、御拝廊下で区切られてございます。御拝廊下に出ますとそこはすぐ御殿。内掌典は本当に御三殿のすぐお近くにいつも控えさせていただいております。

ずいぶん前の新嘗祭《にいなめさい》の夜、東宮侍従長様が内掌典候所のすぐ近く、東宮便殿隣の侍従候所でお時間待ちあそばしていましたので、候所にお招き申し上げまして、お茶とお茶菓子を添えて差し上げましたら、大変お喜びいただきました。

その時、「内掌典さんはいつもこんなに近く神様のお側におられて、本当にお幸せですね」とつくづくおっしゃっていただきました。

美麗なお装束をお召しあそばしまして、一年に一度お清い御身におなりあそばしました東宮侍従長様の、お心のこもりましたお言葉でございました。

賢所での食事

内掌典のお食事は、雑仕にお清所でこしらえてもらいます。戦中戦後も、毎日三度の食事の欠けることはございませず、本当にありがたいことでございました。

午前の御用終了後、また午後三時のお間の時には、若い内掌典がお茶を入れ、その時々のお菓子をいただきながら楽しく過ごし、幸せでございました。

特別にご馳走をいただくわけではございません。皆様からは、「賢所ではいつも美味しいものばかりいただきになるのでしょう」と言われましても、素材も普通のものですし、お調理も雑仕という大学を出たばかりの若いお嬢さんがこしらえますものでございます。そして、日常の食事の費用は、毎月いただきます俸給の中から一定額を出し合いまして雑仕に預け、一カ月の費用に致します。

賢所では、動物のお肉を食べることを禁じられてございます。お肉そのものは当然ながら、牛乳やバター、お肉のエキスが入った加工品もいただきません。

お肉類のお調理は、御火が穢《けが》れると申します。神代に素戔嗚尊《すさのおのみこと》様が生き馬の皮を剝いで投じ、天照大神《あまてらすおおみかみ》様をお困らせになったことで、大神様が天岩戸におかくれあそばしました。その罪と穢れを、賢所様のお側ではことのほか忌み嫌いましてございます。

御火はもっともお清い、穢されてはならないものでございます。調理の時に御火が穢れますのを避けるために、お肉類は禁じられてございます。

お魚や野菜が中心になりますと、お料理の内容は限られます。私どもが飽きないように、若い雑仕がいろいろ工夫を致しまして、昼食にラーメンなども時にはこしらえてくれました。お肉のエキスが入っていますと絶対に使えませんので、麵だけを買ってきて、鶏肉や煮干、お野菜などでスープをこしらえましてございます。

お肉類は禁じられてございますが、二本足のニワトリ、カモなど鳥肉だけは良しとしていただきまして、それ以外の動物性のものは絶対にいただきません。けれど、抜け道がございまして、お洋菓子はいただきましてございます。バターや生クリームを使っていますが、買い求めたものなのであれば、お清所で調理をしませんから御火は穢れません。そこまで禁止しましたら内掌典がかわいそうだということで、お洋菓子が出回り始めた戦後から許されて、食べてもいいということになりました。ただし、御用を終えた夕方、お風呂に入ります前、また、御用が終わって休みます前などに、お洋菓子をいただきます。若い内掌典は皆大好物にて、大満足でございました。

お肉そのものも、皇居のお堀の外でなら食べることは許されてございます。一年に一度ぐらいは食べましょうということで、交替で掌典職のお方にお連れいただきました。レストランなどでいただくお肉料理のお食事もまた美味しくて、楽しゅうございました。

お酒もたまにはいただきます。日々の御神饌のおすべりのお酒もございますので、食事の時のお料理によりまして、皆でありがたくいただきます。

両陛下の御誕辰《たんしん》や、また、お祝いの御祭がございます時なども、お鮮鯛をお造りなどに致しまして、おめでとうとお祝い申し上げながら杯を上げましてございます。

賢所の人々

私が賢所に上がりましたころ、内掌典としてご一緒に御用をさせていただき、計り知れませずお世話様になりましたのは、五人のお方様でした。

その中でも三上様は、お側で約四十年間、お勤めさせていただくことになりました。三上内掌典は私が上がりました当時はすでに上席で、私が生まれました前年の大正十二年にお上がりあそばして、歳も二十歳近く離れておりましたが、戦後、他の四人のお方様が次々にお下がりになり、お側で過ごさせていただきました。

実は三上様は、私と同じ滋賀県の大津のご出身で、逢坂山《おうさかやま》の麓にある有名な蟬丸《せみまる》神社がご実家であそばします。

まったくの偶然ながら、私が卒業した女学校の先輩でございました。私がまだ在学中、校長先生が、「この学校の卒業生で宮城に勤めている人がいる」とお話をされましたが、実はその方こそが三上様でございました。さらに、私の叔母とも同級生でございまして、三上様のお兄様と私の叔父は、膳所《ぜぜ》中学で同級生でございました。不思議なご縁でございます。

御用や此方《こなた》のおしきたりは別の方に教わりましたが、後に御内陣のお大事な御用をお教えいただき、四十年間お側で過ごさせていただきました。此方の人としての作法を身につけさせていただきました師であり、お母様でございました。お陰さまで若いお方が上がってこられましても、教えることができましてございます。

三上様は二十歳から七十五歳まで、長い間を御内陣の御用にお捧げあそばしまして、夏は暑く、また冬はお寒い御殿の御用にもお耐えあそばしましたことでございましょう。暖房が入ります前までは、冬はことのほか寒く、夕方、大清とお召し替えの時、また御殿から御用を終えて候所へお戻りあそばします折に、お火鉢のお炭をつぎ足しまして、暖かくしてお待ち申し上げましたのが懐かしゅうございます。

退職後は蟬丸神社宮司の弟様御夫妻のお側で、琵琶湖の見える膳所のマンションにお住まいになり、天寿をまっとうあそばしました。平成四年九月、御年八十五歳でございました。昭和五十七年に勲四等宝冠章を受章あそばしまして、六十年間を御用にお捧げあそばしました、賢所の大事なお方様でございました。

三上様は平成三年ごろまでお元気でいらっしゃいました。お下がりになりまして、余生をお送りあそばしましたマンションに、時折お伺いさせていただき、泊めていただいて、御用のことなどをお尋ね致しましたこともございまして、三上様は、「もう私も忘れましたわ」とおっしゃりながらも、丁寧に教えていただいて、お頼りさせていただきました。

御内陣の大事な御用をご一緒にさせていただきましたのは、ずっと後のことでございますけれども、日々の生活の中で、着物の仕立て方、髪の上げ方、お化粧の仕方なども温かく教えていただきました。

御用だけではなく、日常のこともいろいろ教えていただきました。賢所に上がります紅白の大きな四角い鏡餅を、薄く切って干しておき、お火鉢で上手に焼き上げて、お醬油をつけて気長に網の上で返しながら乾かしますと、特有の美味しい「おかき」ができますのも、三上様に教わりました。

行平《ゆきひら》（深い土鍋）に卵の黄味とお砂糖、お酒を注いでお火鉢のお炭火にかけて、三十分以上静かにかき混ぜると、大変美味しい玉子酒ができますことも教えていただきまして、本当になんでもお頼り申し上げて、お母様のように、お尋ねすれば何でも教えていただきますし、家族のような思いでおりました。側にいらっしゃることが、ごく当たり前に感じるような間柄でございました。

お亡くなりあそばしました時は、賢所の御祭がございました最中で、ご遺族の方が連絡を遠慮されたようで、後日に訃報を伺って、万感胸に迫りました私でございました。

日常をともにするのは、内掌典だけではございませず、何くれとなくお世話になりましたのが、部屋の人や雑仕さんでした。

私が上がりました時には内掌典一人につき一人ずつ部屋の人と申します役の人がいまして、部屋の人はその内掌典のことを旦那様と申し上げました。

内掌典が五人います時には部屋の人も原則として五人いまして、各々旦那様の朝夕のお召替えやお清まし（お洗濯）のことなど、身の回りのことをそれぞれ責任をもって細かい所まで心を寄せてお世話いただきました。そして、他のお方様（内掌典）には「○○様」とお名字を申し上げ、また、「奥のお方様」と申し上げまして、内掌典候所を「奥」と申しました。

部屋の人は終日和服に帯を締めて部屋の人の候所で起居をともにして旦那様の御用

の他は交代で毎朝夕のお湯殿の仕度、奥のお方様が御殿にお上がりあそばします時のお召替えやまた、年配の雑仕さんの元でお清所のお手伝いや、内掌典候所へ食事のお配膳、お掃除などなど、毎日、家庭的な御用ながら、甲斐甲斐しく気持ちよく勤めてくれました。それぞれの旦那様の部屋の人でございましても、一同が家族のように頼り合いながら過ごしまして、お互いに心の支えでございました。

部屋の人は内掌典の私用を勤めますので、御殿には上がりませんでした。

そして内掌典とともに以前から長く勤めます年配の雑仕が代々二人いました。毎日御殿に上がり内掌典の御用の仕度、朝の内掌典候所のお清めや、お掃除、お清所の責任者として古くから伝えられました雑仕の御用やしきたりをよく護り、常に内掌典を支えてくださいました。

また、部屋の人といつもともにいて三度の食事も一緒にいただき、此方の人としてのおしきたりを教え、また、家を離れて勤めます若い部屋の人のお母さん代わりになって温かく面倒を見てもらい、部屋の人もまた雑仕さんを頼り、大きな家族としてお互いに気持ちを合わせてそれぞれの御用を無事に勤めました。

戦後は、雑仕も一人になり、部屋の人もよく勤めましたが、若い内掌典はなかなかに部屋の人のお手当ての負担の余裕もできませず、だんだんと新しい部屋の人の手配も難しくなりまして、いろいろの経緯を経て、私的な部屋の人の制度は一応終わりにして、新しく若い人を内廷職員として採用していただき若い雑仕に代わりました。しばらくは、年配の雑仕、調子多美子《ちょうしたみこ》さんに教わりながら、だんだんと若い雑仕二人で二年間を勤めることになりました。

若い雑仕は御殿に上がり、決められた御用をさせていただき、内掌典候所のこと、お清所の責任と、また、重ねてお湯殿の仕度や食事のお配膳などなど雑仕の御用や部屋の人が勤めました仕度も負担して、一年が過ぎ、二年目はよき先輩として、新任の雑仕に一年間に覚えたすべてを教えながら引き継ぎ、ともに御用を重ねて二年間を無事におめでとう勤め終えます。それは活気に満ちた若い雑仕二人の毎日でございました。奥も次第に新しく、若い内掌典に移りゆき、部屋の人に世話になりました時と違って自分でできることは自分でするようになりました。

現在の雑仕は短大や大学を出たばかりの若い人でございます。最近までは千葉県柏市にあります廣池《ひろいけ》学園、モラロジー研究所のご協力で毎年一人を推挙いただき、二年間お勤めいただきました。常時二名で、一人上がりまして先輩の一人が下がります。

若い雑仕もまた現代の教育を受けながら終日和服に帯を締めて、身を正し、暑さ寒さに耐えて御殿の御用をよく勤め、内掌典候所を護り、三度の食事をこしらえ、皆々陰の力となって支えられました内掌典でございました。そのお陰さまでこそ日々心安らかに御用を勤めることができました。言葉に尽くせませぬ感謝の毎日でございまして、いつも心通じ合う大事な家族でございました。

雑仕は二十歳過ぎたばかりのお嬢さんで、お料理などしたこともなく、お料理の本を見ながら致しましても、お肉の料理はできないなど、いろいろ制約があって、苦労だったと思います。

それでも一所懸命に工夫をして、毎日の食卓にはお魚や鶏肉などで、昨日は焼いたり、今日は煮たりして、飽きないように味を変えるといった細かい気遣いをしてもらいました。

内掌典それぞれの誕生日にはお赤飯を炊いて祝ってくださったり、お雛様の時にはお雛様の形のお菓子をこしらえ、五月の五日にはちらし寿司を鯉のぼりの型にして、いろいろ工夫して、食膳を賑やかにして楽しませてもらいました。

賢所にクリスマスはございませんが、毎年十二月二十四日には、シャンペンとケーキ、大きな鶏肉のから揚げなどこしらえて、楽しませてもらいました。賢所では乳製品のバターが使えませんので、マーガリンで代用してケーキをこしらえてくれました。心がこもり見るからに美味しそうなお料理に皆で歓声を上げながら、カメラに納めたりなどして、心温まるひと時もございました。本当に楽しい思い出でございます。

皆でお互いに信じあい、気持ちを一つにして、それぞれの御用をひたすらに勤めます賢所の人々でございました。

第三章

次清のこと

「次《つぎ》」と「清《きよ》」

賢所《けんしょ》の生活におきまして、もっとも重要かつ基本的なのは「次清《つぎきよ》」についてのしきたりでございます。

賢所は最高に尊く、最高にお清い神様でおいであそばします。お護り申し上げますために、内掌典《ないしょうてん》は常に身を清め、衣服を清くして居住まいを正し、手を清くして御用を申し上げます。

清浄でないことを賢所では「次」と申します。身体の下半身に手が触れました時や、足袋《たび》など履き物を扱います時、財布（お金）に触れました時、外から受け取る郵便物や書類、宅配便など受け取りました時など、このような場合は手が「次」になります。

「次」になりました時は、必ずまず手を清《す》まして（洗う）清めます。

これに対して清浄なことを「清」とし、清いものと清くないものを「次」「清」と区別して、重ねて「次清」と申します。どんなに細かなことでも厳格に自分で区別することが、もっとも基本の大切な心構えでございます。

着物を着替える時など、気をつけていても、ついつい「次のもの（腰巻）」などを触ってしまいます。「次」を触った手で他のものに触れてしまうと、清と次が混同してしまいますので、触ったら間を置かず、すぐに手を清ましします。

「次」になりました手は、水や、時に応じて、おしろもの（お塩）をかけて清めることによって清浄になり、「清」となります。おしろものもまた欠かすことのできませぬ大事なお清めでございます。その清めます時にも、候所、仕舞所《しまいどこ》、お湯殿、お清所《きよどこ》の水道栓は清いので、「次」の手では直接触れることはできません。清める時には次になりました手のひらが触れることのないように握りこぶしにして手の甲で栓をひねって水を出します。

普段から常に手を清く保ちながらも、御殿に上がります時には、さらに清く致します。「次清」は候所《こうしょ》と御殿では、また別でございます。

御殿の中に進みます前に、まずはお手水《てみず》のお流しにて右手で柄杓を持ち、左手に柄杓の水をかけてから、側のおしろものをいただいて、両手をすり合わせて手を清め、水で口をすすぎ清めます。改めて両手を清まし、その後、必ず側の清い麻の手拭で拭います。お清めの布でございます。

このように清めた手で、清い御用をさせていただきます。その時、清めました手は決して自分の衣服には触らないようにします。御用で使います御品々なども、最初は水でお清め致します。御殿の御用はすべて「お清い御用」でございます。

御内陣《ごないじん》の御前のもっとも尊い御用をさせていただき、また、御前におしつらえの御品を手に戴きます時、それは「お清い」以上に、畏れ多くもったいのうございますので、そのような御品を「もったいない御品」、そして、触れさせていただきました手を「もったいない手」と申します。

御用が済みましたら、必ずお手水のお流しで手を清まし、口をすすいで、「もったいない気《け》」をお流し致します。これを「次《つぎ》める」と申します。常態に戻ることを申します。

御殿のお清い所を間違えたり、また、衣服が触れたりして「次」になり、お清めします時、また反対に、御殿の「もったいない御品」を落とすなどして、そこが「もったいなく」なって「お次め」します時は、お水紙を使います。

お水紙は、四つ折りに致しました奉書を二つ折りの半紙に挟み、それをさらに二つ折りにして用意しておき、お清流しで水に濡らして使います。

御殿の次清は厳然と行われ、御殿はもっとも尊く、もっともお清い神様にておいであそばしますことを、厳しくしつけられました。

候所の生活にも、自らの自覚で規律を重んじ、ごまかしは決して致しません。御殿をお護り申し上げますために、常に清々しい心にて、身を清め、手を清め、御用を申し上げます。

大清《おおぎよ》、中清《ちゆうぎよ》のこと

大清はもっともお清い人、もしくは、もっともお清い衣服を申します。

大清の人は御殿の御内陣の畏れ多い大事な御用をさせていただきます。

朝潔斎《けつさい》のお清めの後、大清の衣服を着用します。

大清の衣服は、着物、袴《はかま》、袴帯、紐類、「ひよ」、「次のもの」、足袋に至りますまで、すべて中清と区別して（形は同じでございますが）大清として常に揃えておきます。

大清の物は「まけ（生理）」の時に絶対に触ってはいけないものです。また、大清は「よそよそ（お手洗い）」には絶対に着たままでは入りませず、もし、大清着用の時「よそよそ」に入りたくなった時には、着物から「次のもの」、足袋に至りますまで全部中清と着替えます。

大清のまま間違えて「よそよそ」に入りましたら、その時着用のものすべてが中清になって、大清には使えなくなります。

中清は常態でございます。常態の衣服も中清と申します。

大清の人以外は、毎日潔斎の後、中清を着まして御殿の御外陣《おげじん》にまで入らさせていただき、御殿の内外でお清い御用をさせていただきます。

まけ

「まけ」はもっとも穢《けが》れにて、御用はご遠慮申し上げます。

まけの一週間は、着物やお化粧品は、まけ専用に用意したものを使います。お髪上《ぐしあ》げの櫛類、食事のお箸、お箸箱もまけ用を使い、お茶碗も三十センチメートル四方の春慶塗《しゅんけいぬり》などの自分のお膳の外に出さないように注意して置きます。

まけてから七日目の夕食後に、常態（中清）に戻る準備を致します。

まけ用で使いましたお化粧品などを片づけ、鏡台を布で拭い清め、常用のお化粧品を出して整え、まけの時使用のお茶碗とお膳をおしろもので清め、清いお箸、お箸箱をお膳に載せておきます。着物も、清《す》ました「ひよ」、「次のもの」、足袋など一通りを揃えておきます。午前零時までに歯みがき、洗顔を終え、お化粧を落としておきます。

八日目、起床後すぐに、まずは潔斎。身体をお清め致し、口、顔を清まし清めます。もし、潔斎の前に誤って口をすすいだり水を飲んだりすると、その日は清くなれませず、自分の不調法をお詫び申し上げて、一日延期になります。

まけの間使用しました夜具のシーツ、かけ布団のカバーを取り替えます。ただし、髪をまだ清めておりませんので、枕カバーだけはまだ取り替えません。

九日目、毎朝の御用を終えて後、髪を清まし、改めてお髪上げ。その日の夜になりましてから、枕カバーを取り替えます。髪を清めて後、まけの時使用の枕カバーを替え忘れてそのまま休みますと、髪がまけになって清め直すことになります。

まけの時使用のシーツ、肌がけ、枕カバー、また、「ひよ」などは洗濯し、おしろものでまけの清めます。

「まけ」ましてから八日目で中清になり、御殿御外陣での御用ができるようになり、さらに三日後の十一日目からは大清を着て、御内陣の御用もできるようになります。

よそよそのこと

お手洗のことを賢所では御所言葉を使い「よそよそ」と申します。「よそよそ」はもっとも次にして、「大次《おおつぎ》」と申します。

「よそよそ」の中では、手は着物の表に決して触れてはなりません。用が終わってからも絶対に着物を「よそよそ」の中で直したり、打ち合わせたりは致しませず、そのまま出ます。

よそよそから出ました時のお手水は、二度致します。

二つ並んだお手桶のうち、右の桶の水を柄杓にて清め、次に、その左隣の清いお水桶の水をさらに三、四杯、両手にかけて清めます。最後に、水道の流水で手をもう一度清めましてから、お流し側にかけてあります麻のお手拭で拭います。桶のお水が少なくなった時には、水道の水を左の清い水桶に受けて、その水桶の満水を柄杓にて右のお手桶に足しておきます。

あせのこと

内掌典は血のことを「あせ」と申します。

賢所では、「あせ」はもっとも穢れでございます。

ゆえに、「まけ」の時には御殿の御用をご遠慮申し上げます。

手に怪我をして「あせ」がにじみます時などは、御殿の清いお手水で手を清めることができません。そのため、御用を控えさせていただきます。

「あせ」の止まりました時には、包帯は候所の布でございますので、お手水ができませず、必ず包帯を外してお清め致します。

手は、大事な神様の御用の手として、気をつけるように厳しく教えられましてございます。

食事の時の次清

食事の時、口についたものを「次」と申します。

ご飯をよそう時は、お櫃の外側に縁より低くお茶碗を持ち、おしゃも（おしゃもじ）が直にお茶碗につかないよう少し高めから、ご飯を落とすように静かによそいます。お汁物も同様です。自分の食器に入れた食品が、お櫃やお鍋に跳ね返らないようにとの教えでございます。

一度口につけたお茶碗を、お櫃や、お汁のお鍋の上でよそい、ご飯やお汁が跳ねだして入ってしまった時、そのお櫃やお鍋の中は「次」になります。その人以外はもういただけませず、お櫃やお鍋の残りは全部一人で食べることになりますと教えられます。

お箸も口につけた部分は、その人の「次」でございますので、口につけました「次」

の部分を自分のお膳の外に出して、少し上の清い部分をお膳の縁にかけ置いて、お箸置き代わりに致します。

お箸をつけた食物が外にこぼれた時は、お水紙でその部分を拭い清めます。

お料理が、一つのお鉢、また大皿に盛っています時には、必ず「清いお菜箸」で、各々のお皿に取り分けます。

賢所様おすべりのおまな（お魚）やお野菜の場合は「もったいないおすべり」として特別に扱い、取り分けるお菜箸は「もったいないお菜箸」を別に用意し、「清いお菜箸」とは区別します。

「まけ」の時は、賢所様の「もったいないおすべり」はいただけませず、ご遠慮申し上げます。

大皿のお料理は、清いお菜箸を使って、自分のまけのお膳の器に移し替えていただきます。まけの人が、もし間違えて清い器のままいただきました時には、おしろものでその器を清めます。

お菜箸を幾通りにも使いますので、食卓にはお箸立てに、お菜箸をたくさん用意しておきます。

食事が終わりましたら、使いましたお菜箸を洗い清まして、麻のお布巾で拭い、お箸立てに片づけておきます。

ご飯やお汁、お鉢や大皿に盛りつけられました「おまわり（おかず）」を、各々の器に取り分けていただきます時、必ず上席の人からお菜箸で取り分けます。その時には、「お先でございます」または、「お先でございました」と言い、次にいただく人は、「恐れ入ります」とお受けして取り分けましたら、そのまた次の人に、「お先でございました」とお菜箸を渡す。というように、順次にごく自然の中で必ず礼を交わして受けます。

お珍しい到来の名産、名物など、いただきものがお膳に上がった時には、「存じよりませず、お珍しい○○（その食品名）をいただきまして恐れ入ります。私も結構にいただかせていただきます」と、その時々に、心から感謝の気持ちを申し上げながらお箸をつけます。

夜具のこと

夜具はかけ布団、肌がけ布団、またはタオルケット、「おまく（枕）」、敷き布団各一枚を用います。

敷き布団は和式で、二幅半と申します狭い幅でございます。かけ布団は三幅の鏡布団（裏生地を折り返して額縁のように縁をとった布団）でございます。肌がけやタオルケットにはカバーを、敷き布団はシーツを必ずつけます。

夜具は二メートル四方のキャラコまたはブロードの白い風呂敷に包んでおきます。敷く時は、仕舞所の押入れにしまってある夜具を風呂敷に包んだまま候所まで運び、頭になるほうを手前にして座ってから、下に置きます。立ったまま夜具包みを置くと、足袋に夜具包みが触れてしまいます。足袋は「次」なので、触れると夜具も「次」になってしまいます。

風呂敷包みの横に座って、包みを上から順々に広げてゆきます。

同室で休む内掌典同士は、向かい合って夜具を敷きます。

かけ布団、肌がけ、枕をともに持ち上げて上座に置き、風呂敷を広げたまま、敷き布団を上下に広げます。枕を位置に置き、肌がけをいったん膝の上に載せて三つ折りを広げながら、敷き布団の上に載せないようにして、縦折りの上側だけを両手で持って伸ばしながら敷き布団の上に広げ、その上にかけ布団をかけます。

肌がけにはタオル、またはさらし木綿で掛け衿《えり》をつけておき、また、かけ布団には表の面が紗面《しゃめん》のようなカバーをかけておきます。

休みます時は、かけ布団と肌がけを重ねたまま、向こう側へ縦半分に折り、座った姿勢から身体を横向きに倒して足を伸ばして後、重ねたかけ布団と肌がけを二枚一緒に、片手で身体にかけて休みます。

起きる時には反対に、かけ布団と肌がけを重ねたまま、起きる反対方向に縦に折り、そのままそっと横から布団を出て座ります。

しまう時には夜具の横に座り、かけ布団を四つ折りにして座右に置き、カバーをかけた肌がけまたはタオルケットの内側（身体に触れる面）を内にして縦折りにしたものを、衿の部分が上になるように三つ折りにして、かけ布団の上に載せ、その上に枕を載せます。

広げた風呂敷の上の敷き布団を、裾《すそ》を先に三分の一折り、頭の方が上になるようにして三つ折りにたたみ、たたんだかけ布団、肌がけなどを一緒に敷き布団の上に載せて、夜具を包みます。

夜具を包む風呂敷は、頭と対角の角を先にたくしあげて、次に左右、最後に頭が一番上になるようにしてしっかりと包んで膝前に持って夜具包みを持ち上げて仕舞所に運び、押入れに片づけます。

「おまく」は、箱枕でございます。そばがらの入った小枕の上に、タオルまたはさらし木綿を四つ折りにして掛けておきます。

風呂敷を広げて、そのまま夜具を敷くことによって、夜具は風呂敷の清さで保たれます。

このようにして夜具を扱いましてこそ、頭と裾は常に別々にして「次清」を区別することができます。

その昔から、先のお方様や、御所でも女官さんがあそばしましたおしきたりが、いまも引き継がれ、大事な「次清」が守られてまいりました。

もし間違えて、肌がけの上下をあべこべに敷いた時には、その敷布団のシーツも肌がけのカバーも洗い清めて、清いものと取り替えます。

私が上がりましてから二十年目ぐらいまでは、まだ内掌典一人ひとりの身の回りの世話をしてもらいます「部屋の人」がおりました。朝早くから和服に帯を結び身仕度を整えて、私どもが起きますまでに候所にまいり、「御機嫌よう」の挨拶を交わして、夜具をたたみますのを手伝い、休みます時には敷いてくれました。現在は「部屋の人」の制度はなくなり、内掌典が自分で致してございます。

拝命して上がります時までに、指定の夜具と夜具カバー、二メートル四方の白キャラコの風呂敷、仕舞所で使います五十センチ四方のお座布団を、ともに寝具店またはデパートなどに依頼し、でき上がった時には、店から直接、賢所詰所に届けてもらいます。いったん家で広げますと、賢所の清さになりませず、使うことができなくなります。

夜具の丈は普通ですが、幅が少し狭いので、注文する時、店の人から、「お子さんのお布団ですか」と尋ねられると聞きました。

夜休みます時の服装

二十年ぐらい前までは、昼着と同じように、立冬《りっとう》から立夏《りっか》までは袖口二分、裾五分の赤いふき（袖口の裏地を表に折り返し、表から少しのぞくように仕立てた部分）の丸袖の小袖を着て、赤地の模様のメリンスまたは羽二重《はぶたえ》（緻密で肌触りよく光沢のある平組織の上質な絹の生地）の半幅帯（通常サイズの半分の幅の帯）を締め、後ろで結んでおきました。また、立夏から立冬までは単衣《ひとえ》の着物（裏地のついていない着物）を着ましてございます。

だんだんと時を経ていくうちに、着物も現在は袷《あわせ》の代わりに、一年中温かい生地の単衣を着て、立夏からは薄地の単衣を、夏は白生地、藍模様の浴衣地、丸袖の単衣の着物にて半幅帯を締めます。半幅帯は現在も締めます浴衣の半幅帯の形と大体似ています。

寝巻を着ます時には、のこりの「ひよ」の上から着物を着て、衿を打ち合わせ、おひきずり（着物の裾が長く、歩く時に引きずること）のまま半幅帯を締めて後、着物の裾を丈いっぱいに絡げて端折り（褄《つま》などを折りかかげて帯に挟むこと）にして、半幅帯にかかえて（挟んで）おきます。

休みます時には、半幅帯にかかえたお端折りを下ろし、おひきずりにして足を包んで、行儀よく横向きに休みます。

着物が乱れますと足が出て、まわりが次になりますので、足を包みます。

また、上のお方様の寝巻のことを「お寝召《ねめ》し」と申し、「お寝召しをお召しあそばします」と申し上げます。

日々の候所の次清、食事の時の次清、夜休む時の次清、皆々自分で極めて守りますことが、御殿をお清くお護り申し上げます基本でございます。

賢所に上がりました最初の夜から、こうした「次清」を厳しくしつけられます。修行の始まりでございました。

外出・外泊のお清め

外出させていただきます御挨拶を、候所で申し上げます。

仕舞所で髪を下方《したがた》（お堀の外の一般社会）」用の装いに上げなおします。下方のネット、ピン、髪飾りは、日々使用の櫛類とは別にして箱に入れておきます。

外出用の着物に着替える時、賢所で着用する着物を常用の衣装箱にたたみ、後で触れなくてもいいように入れおき、「ひよ」の代わりに下方の下着に着替え、お湯殿近くに別にしてございます、下方用の次のものと足袋に取り替えて、手を清まし、仕度して畳紙に載せてございます下方用の着物を着ます。着替えの時は、お互いに帯を結びますのを手伝い、心通わせてございます。

外出の仕度が整いましたら、他の内掌典に挨拶。外出着では候所の中には入りませず、畳廊下で挨拶を交わします。

外出する内掌典は、「これからやらしていただきます」と申し上げ、他の内掌典が、「お気をつけておいであそばしませ」といった挨拶を交わし、必ず玄関までお見送り。雑仕に履物を揃えてもらいまして、一緒にお見送り致します。

外出から戻りましたら、直接候所には入らず、畳廊下で他の内掌典に次のような帰還の挨拶を申し上げます。

「ただいま帰りましてございます。ゆっくりとやらせていただきまして畏れ入りましてございます。御用もあそばしていただきまして畏れ入りましてございます、ただいまから着替えさせていただきます」

それに応えて、内掌典一同。

「お帰りあそばしませ。お疲れさんでございました」

と、挨拶の言葉を自然に交わします。

着替える前に候所の水道で手を清め、内掌典自室にて着替えます。畳紙の上に着物を脱ぎ、和装下着のまま、仕舞所の水道で手を清まし、「ひよ」と浴衣をお湯殿の衣桁に掛けおき、さらに、別の紙（新聞紙ぐらいの大きさ）をお湯殿の板の間に置いて、脱いだ和装下着を置き、下方の次のもの、足袋を片づけて、お掛り桶のお湯をかかって清めました後、浴衣を着て水滴を拭い、用意しておいた此方の「ひよ」、次のもの、足袋をつけます。次に、手を清め、着替の間に移動し、候所の着物を着て、改めて口をゆすぎ清め、顔も清まします。

仕舞所にて下方の髪飾り、ピン、ネットなど別の箱に戻して、髪を上げ直し、化粧を直して完了。候所に戻って、他の内掌典にお清めを済ませた御挨拶を申し上げます。お互いに座って、手を畳に置いて挨拶を交わします。

外泊の時も、外出と同様です。

ただし外泊の時は、髪を直します時に使いますゴム、ピン、ネット、髪飾りなどは外出用の品とは別に、外泊専用のものを、ひと揃え用意しておきます。

髪を下方用に直し、外出と同様に下着まで全部取り替え、下方の着物と着替え、外泊の挨拶を外出の時と同じように申し上げ、外泊させていただきます。

外泊から帰り、外出の時と同じように挨拶を申し上げて、お清めします。

外泊の時は、帰還当日は朝から外のものを食べてございますので、清くなることはできませず、帰りましたらただちに、雑仕の湯殿にてお清めのお湯をかかります。

外出着を畳紙の上に脱ぎ、下方下着のまま手を清まし、のこりの「ひよ」と、身体を拭いますペーパータオルを雑仕湯殿に仕度しておきます。浴衣は清いので、外泊から帰還した日は使いません。下方下着と次のもの、足袋を脱ぎ置くために、紙を二枚仕度します。

お湯をかかって清め、ペーパータオルで身体を拭います。

のこりの「ひよ」と次のものを着て、足袋を履き、手を清まして口を清め、洗顔して中清の着物を着て、改めておしろもので口を清めて歯みがき、お流しで洗顔致します。化粧品など消耗品は、少々を常用の清い品から取り分けておき、帰還当日だけで使い切ります。

髪は明朝お湯殿でお清めの後、清ましますので、当日はそのままにして、後ろのまげを生半紙《きはんし》（混ぜ物のない純粋な和紙の半紙）で包んで留め結わき、着物の衿に触れないようにしておきます。

食事の時は、まけの時と同じように、普段使いのものと区別していただきます。お箸も、常用のものは使わず、割り箸を使います。

夕食後、使いました食器類をおしろもので清め、翌日から使います清いお箸もお膳に戻して、常態にしておきます。

髪を清ましていないので、休む時は枕に直接髪が触れないように、生半紙などを枕にかけて寝ます。

明朝、起床しましたらすぐに本清めでございます。

お湯殿の衣桁に浴衣と「ひよ」を掛けておきます。まけのお清めと同じように、お湯をかかって清め、口を清め、洗顔します。終わりましたら仕舞着または寝巻を着まして、改めて楊枝を使って歯をみがきます。朝の御用を終えて御殿から戻られますお方の、お顔清ましがおすみあそばして後、髪を清まします。

おしろもの、シャンプー、髪を拭いますお手拭など仕度。お流し右隣の御縁にござを敷いて座り、髪におしろものをかけ、洗面器でお流しの湯を他のお方様にかけてもらって、第一次お清めが終了。

改めて洗面お流しでシャンプーを使って髪を清まし、第二次お清め終了。

髪を結い上げ、洗顔、仕舞を整えて、やっと中清になりました後、皆様にお清めさせていただきました挨拶を申し上げます。

外泊から戻りました当日は、本清めができないまま休みましたので、敷き布団のシーツ、肌がけのカバー、枕カバー、「ひよ」、次のものなど、前日身に着けましたものは、すべておしろものを洗剤と一緒に入れて清め清まします。

下方で着ました下着類は、下方用に区別した、バケツ、干すものを使います。絶対に大清、中清の洗濯とは一緒に致しません。

外泊の時は、まけの扱いと同様にして、帰参の当日は清められず、翌朝清めて、髪を清まし清めて初めて中清にさせていただきますが、どうしても帰還当日に清くなる必要がある場合には、帰ります当日の午前零時から口にものを入れず、賢所に戻ります。

挨拶の後、すぐにお湯をかかって清め、髪を清ましますと、当日、中清になります。その場合、下方の着物を脱いで和装下着のまま手を清まし、湯殿の衣桁に、浴衣と「ひよ」を掛けて仕度、雑仕の湯殿に下方下着と次のもの、足袋を置くための紙を二枚用意しておきます。

雑仕の湯殿でお湯をかかって、裸のまま隣の内掌典お湯殿に移ってさらにお湯をかかって清め、水を浴衣で拭い、「ひよ」を着て、次のものと足袋を履き、水道水で手を清めて、口をゆすいで、洗顔。仕舞着を着て、改めて楊枝にて歯をみがき清めて、おしろもので髪を清めてから結い上げて、洗顔、仕舞を整えて昼着を着ます。

拝命の日と同様に、雑仕湯殿、内掌典お湯殿で二度清め、おしろもので髪を清めて結い上げると、その日のうちに清くなることができます。

日々の潔斎、また、いずれのお清めの時も、お湯殿の加減は雑仕が致します。お清めに使いますのは高さ五十センチぐらいのお掛り桶でございます。朝、どんなに早いお清めの時も、お湯殿に行きますと、時間に合わせて加減ができてございます。冬は熱めのお湯に、夏は涼しいようにぬるくして、雑仕の心こもりますお湯殿でございます。温かく心地よいお湯でお清めができます幸せを思い、雑仕の真心に感謝の気持ちいっぱいで、「ありがとう」とお礼を申しながら、清めさせていただいたものでございます。

ぶく(服喪)上がり

身内の死は悲しゅうございます。その悲しさにも増して、死の穢れを厳しく忌み避けることを教えられました。

身内がもし生死の境にいる時には、家からただちに本人へ危篤の報せを伝えることを、あらかじめ申しおきます。まだ命あるうちに見舞うことにして、下方の着物を揃え、着替えて賢所を離れます。

あってはならないことでございますが、直接に死去の報せを受けた時には、その時から「穢れ」となり、賢所の中を動き回ることができませず、畳を穢さないために新聞紙などを敷いてもらって、その上を歩いてお玄関に近い場所まで行きます。自分で部屋に戻って下方の着物を出すことができませんので、他のお方様に揃えてもらい、着替えを致し、すぐさま賢所から退出します。報せを受けた時に着ていました衣類は、もう穢れて着られません。すべて別包みにして処分します。

とにかく、危篤の時には、命あるうちに報せるように家人《かじん》にも申しおきます。服忌令《ぶっきりょう》によりますと、服喪は、両親五十日、父方の祖父母三十日、兄弟二十日、父方叔父叔母（伯父伯母）二十日、従兄弟三日です。母方の祖父母・叔父叔母（伯父伯母）は父方よりそれぞれ十日短くなってございます。

期間中は賢所に上がることができませず、実家で過ごします。期間が明けた翌日に「ぶく上がり」を致します。

拝命当日同様、午前零時から何も口にせず、下方で使いましたものは何も持ち帰りませず、最低限の交通費だけを持ち帰ります。

早朝、皇居に着きましたら、直接賢所には戻らず、手前の大道庭園（皇居内のお庭の手入れをしますお方の候所）に立ち寄ります。事前にお願いをして、お湯殿をお借りしておきます。お風呂の仕度をしていただき、シャンプーや洗面道具、着替えなど、必要な品々をまとめて雑仕に持参してもらいます。

大道庭園で雑仕と待ち合わせ、お湯殿をお借りしてお清めします。

衣類を脱いで袋に入れて、お風呂でお湯をかかり清め、雑仕からシャンプー、歯みがき、楊枝、ペーパータオル、おしろものを受け取ります。

おしろものを頭に振りかけ、シャンプーで髪を清まし、口をゆすぎ、歯みがき楊枝を使って清め、雑仕持参の下着、着物を着て、庭園のお方にお礼を申し上げて、賢所へ帰ります。

賢所には玄関から入らず、直接湯殿に向かいます。雑仕湯殿で一度清め、洗髪し、ペーパータオルで髪を拭い、髪をまとめてそのまま隣の内掌典お湯殿に移って、さらにもう一度お湯をかかって清め、ペーパータオルを使って水滴を拭います。ペーパータオルのない時代には、さらし木綿を手拭の長さに直しまして何枚も仕度を致し、その都度使いきりに致しました。

衣桁に掛けていただきました「ひよ」を着て、次のものと足袋を履き、手を清め、うがいをして、洗顔し、仕舞着を着ましたら、楊枝とおしろものを使い、改めて歯をみがき、口を清めます。次に、洗顔のお流しの縁側でおしろものを頭に振りかけて、洗面器のお湯をかけてもらって清め、改めて洗顔のお流しにてシャンプーを使って三度目のお清めのあと、髪を結い上げ、そのお流しにて洗顔仕舞して整え、昼着に着替え、お清めが終わりとなります。

候所にて、今日無事にお清め済まさせていただきました御礼、そのためにいろいろと仕度をしてお世話になりました御礼、また、訃報で退出します時、お世話になりました御礼、服喪中の日々の御用「ご苦労様でございました……」と、畏れ入ります言葉を皆々申し上げて挨拶致します。

清めまして中清になりましてからも、二週間は御内陣の大事な御用はご遠慮申し上げ、十五日目から大清の御用をさせていただきます。

喪に服し終えて、賢所の外で庭園のお湯殿でお湯をかからせていただいてお清めをし、口を清め、髪を清め、賢所に戻らせていただいて、さらに二度お湯をかかり、二度髪を洗い清めまして、おしろもので清めさせていただきます時、淋しく悲しくて信じられない身内との別離も癒えてゆきましてございます。そして身の穢れがだんだんと晴れて清められてゆく思いが湧いて、やがて、尊くお清い神様のお側にお近づきさせていただきます幸せを、畏れながら身に感じますお清めでございます。

第四章

お正月の御用

元旦のこと

元旦は午前零時に起き、上席の人のみ仕舞所《しまいどこ》に残り、他の内掌典《ないしょうてん》は全員御殿に上がります。

御三殿の御門口《おかどぐち》をお開けして両横の御格子《みこし》の鍵を外し、三十一日夕の御火打石にて御火出ししました大御饌殿《おおみけでん》の御留火《おとめび》から御火を戴いて、数本の御燭（高さ一メートルくらい）に移し、賢所《けんしよ》、皇霊殿《こうれいでん》の御外陣《おげじん》、また、お清流しや諸所の御高欄御縁に配置します。

午前一時、上席の人は大清正装《おおぎよ》（小袖、袴《はかま》、衣）にて御殿に上がり、続いて他の内掌典も潔斎《けっさい》後、大清に着替え、正装にて御殿に上がり、三々九度《さんさんくど》の御盃を御前に供じ、元旦につき御前の御用、御祈念申し上げます。

手元の御素櫃《おすびつ》の中に仕度のできました、三枚重ねの御盃を一枚ずつ並べ、御三方《おさんぼう》の銀瓶子の御酒をお注ぎ申し上げ、御前に並べた小さな三枚の折敷《おしき》の上にお載せ申し上げます。お散米《さんまい》折の中の玄米を少しずつ親指と人差し指でつまんで御盃にお入れ申し上げます。

「平成〇〇年元旦につき、当年も相変わりませずおめでとう年の初めに、三々九度の御盃供ぜられます……」

と、御口上申し入れます。

御鈴《おすず》を上げ、すぐに三つの御盃をおすべし（お下げする）申し上げます。横に侍しております次席の人がこれを受け、側に置いたお湯桶《ゆとう》に御盃の御酒をおすべしし、すぐに次の御盃三つに御酒をお注ぎします。

上席の人は次の御盃を御前に供じ、お散米申し上げ供じ、また御口上申し上げて御鈴を上げます。御酒は少なめにお注ぎ申し上げ、これを九度繰り返し、御盃は合計で二十七枚になります。

終わりまして、内掌典一同皇霊殿に移り、御同様に三々九度の御盃のこと申し上げ、午前二時過ぎに終わります。

再び賢所御内陣《ごないじん》にて内掌典一同お千度申し上げ、陛下、東宮《とうぐう》様の御祈念を申し上げます。

皇霊殿にも御同様に御神饌《ごしんせん》を供じ、皆々おすべし申し上げて御用が終わりますのは午前四時半ごろでございます。

上席の人、次の人二人で御神饌を上げています間に、若い内掌典は大清の正装から中清《ちゅうぎよ》の袿袴《けいこ》に着替えておきます。

賢所には御燈《ごとう》のお明りもございますが、皇霊殿は内も御縁もお燭のお明りだけでございます。御用を終えて、御殿の外に出てお手水《てみず》をします時、お流しの端に掛けました麻のお手拭がカチカチに凍ってなおさらに寒さを感じます元旦の夜明け前でございます。

次に元旦の御神饌をおすべし申し上げ、御用終えて午前四時過ぎ候所《こうしょ》に戻ります。

同日未明、四方拝《しほうはい》、歳旦祭《さいたんさい》の始まります前までに、内掌典は元旦の白むし（白味噌）のお雑煮でお祝い致します。

候所には雑仕《ざつし》二人が、無地紋付きの正装にて、立派にお配膳を終えて控えております。大きい食卓に各々のお膳を配し、その横に「おにらみ鯛」（一〇八頁）、お福茶（玄米茶）のお茶碗に梅干しと結び昆布を入れ、たたきごぼう、ごまめ、黒豆、おなます、お沢庵、お口取り（口取肴とも。もてなしのために用意する膳）が美しく並べられます。

二つのお火鉢に掛けられたお福茶のお薬罐《やかん》とお雑煮のお鍋から湯気が上がり、御殿いよいよお正月の気分に満ちながら、まずは雑仕さんの真心に御礼を申して着席します。

初めにお福茶をいただきます。お福茶の入ったお薬罐を雑仕が持って、まずは上席の人の席の側に座して注ぎ、順次に注いで廻ります。

全員揃いまして席に座したまま御殿に向き直って、お福茶のお茶碗を押し戴きながらお辞儀を致します。

「当年も相変わりませず元旦につきましておめでとうお福茶とお雑煮をお祝いさせていただきましてございます。これも皆々御殿様（賢所様）のお陰さまでございまして、ありがとうお礼申し上げまして結構におめでとうお祝いさせていただきます」

と心の中でお礼を申し上げます。

お福茶をいただいていますうちに、控えます雑仕が白むしのお雑煮をお椀につけて、二十センチ四方の折敷に載せて配膳致します。年の暮れにおすべしいただきました口細（両端が細くなった柳の木のお箸）を内掌典がこしらえましたお箸紙に入れて、

「お箸をおめでとう結構にいただかせていただきまして恐れ入ります」

と申し上げながら押し戴きます。

お雑煮は大きいお椀に丸いおかちん（お餅）、お頭（頭芋）を入れ、小芋、おからもの（大根）の白むしのお汁を注ぎ、その上に削り節をかけます。

お頭をお箸でそっと上から割いて少しずついただき、おかちん、お汁をいただきます。お頭は大きくて一度にはいただけませんので、少し残したまま、さらにおかちんとお汁を足してお替りをいただきます。雑仕がこしらえました伝統の白味噌のお雑煮は、本当に美味しゅうございます。

お小鉢のおなます、外黒・内朱塗りの平の器に盛られたごまめ、黒豆やたたきごぼう、お沢庵、そして綺麗に盛られたお口取りの数々を少しずついただきます。「おにらみ鯛」は〝睨む〟だけにていただきませず、そのまま置いておきます。

やがて午前五時過ぎ、歳旦祭のお始まり前に、大清の二人と中清の人は、袿袴にて御殿に上がります。

雑仕が用意したお正月の御膳はいったんおすべしします。美しく丹精込めてこしらえてくださったお口取りは、またお昼にいただきます。

お祝いの口細のお箸、お箸紙をいただいた御礼を雑仕が申しますのを受け、内掌典は感謝を込めて、

「ご苦労様でした。おかげ様で今年も相変わりませず、まずは元旦のお雑煮をおめでとう美味しくお祝いさせていただきましてありがとうございました」

と、お互いに両手を畳について御礼を尽くし、後、雑仕も雑仕候所で奥（内掌典）と同様にお味噌のお雑煮におかちんとお頭を入れてお祝い致します。

お箸紙とお箸

お箸紙とお箸は、お正月のお雑煮をお祝い致しますためにおめでたく元旦から十五日間使わせていただきます。御殿様（賢所様）から戴きます。

お箸紙は奉書を二つ折り（紙のすじに沿って縦に）にし、さらに折り目を中に巻くようにして折り、折り目の輪が右に、端が左になるようにして四つ折りにします。奉書の丈約四十センチの表二十二センチくらいにして残りを裏に折り返します。折り返す折り目に指を入れてふわっとして筋目をつけませず、折り目から大体四センチくらい下ったところに白紅（くれないは玉虫色）の水引を掛けて結びます。水引は一つが五本仕立ての内二本を離して、二本の白紅水引の境目が後ろに当たるようにして前で蝶結びにします。

年末二十日過ぎの御用の合間に、内掌典一同でこしらえておきます此方《こなた》のお箸紙に、上席の人が気持ちを正して墨で内掌典一人ひとりの名を書き入れます。名前に子は付けません。字を書きます硯は皇后様からいただきました硯でございまして、羽子板の形の朱塗りの台に、丸く小さいお水指しがはめ込まれ綺麗な色の陶器の羽根の形の筆置きがございます。硯には土台と同じ朱塗りの蓋ができて、おめでたく優美な硯でございます。一緒にいただきました墨とともにおめでたい時にのみ大切に使わせていただきましてございます。

お箸は十二月二十九日、四方鏡《しほうかがみ》（鏡餅）をお直し（切ること）しました時に使いました、口細のおすべりをおめでとういただきまして、お箸紙に挿しておきます。

このお箸紙とお箸は清い時にのみ使わせていただきます。まけました時には別に美濃紙でお箸紙をこしらえ、紅白の水引を掛け結びます。

お福茶の仕度

御所で使いますお茶のお茶碗に、梅干しと結び昆布を二つ入れ仕度しておきます。結び昆布はお昆布の繊維に沿って長さ一センチくらい、幅八～九センチくらいに直して結んで雑仕がこしらえておきます。お昆布は御神饌のおすべりを使わせていただきます。

白むしのお雑煮

元旦、二日、三日は白むしのお雑煮をお祝いします。京都のある店の白味噌が一番美味しゅうございますので、賢所では毎年注文致します。

お餅は丸餅にて、一升三十取りの小餅を、麹町のお米屋さんにお願いします。

お頭は、京都では頭芋を使います。しかし関東では八つ頭しかございませず、しばらくの間八つ頭で代用致しました。直径五センチくらいの大きなボール型に丸く削って、お米の研ぎ水を入れて柔らかく茹でておきます。

毎年年末に栃木県の方が自作の立派な頭芋をお届けくださいまして、ご厚情をお受けしてお祝いさせていただきました。ありがたいことでございました。八つ頭と頭芋はお味が全然違います。

頭芋は「お頭になるように（一番偉くなりますように）」と初の始めの願いをこめたお祝いの由、伺いました。

おからものはイチョウの形に直し、小芋は少し薄く輪切りにして、お昆布とかつお節のお出し汁を取り、白味噌を入れて前日から仕度しておきます。

子供の時、「お祝いやす」と申して両親はじめ家族一同揃って一人ひとりのお膳の前に座り、賢所と同じ形のお椀でお味噌のお雑煮と梅干しの入ったお福茶を祝いましたのをいつも思い出しましてございます。

おにらみ鯛

年末（二十八日ごろ）に、二十センチ位の「おひら（鯛）」一尾と、小さい「おむら（鰯）」を内掌典と雑仕の人数分だけ揃えていただきます。掌典職の男の方が、お忙しい中ながらおひらの「おなか（はらわた）」を出して、おひら、おむらともにおしろものをいっぱいまぶし、年末三十一日までに用意致していただきます。

雑仕が、おひら、おむらをさっと水洗いして塩抜きし、おひらの鰓《えら》におむらをはさみましたものをお皿に盛りつけます。

おめでたいおひらとおむらのお頭は、頭芋と同じく、「立派なお頭になるように」と願ったとの由、伺いました。

おにらみ鯛は、昔から京都でお公家さんのお正月には必ずお祝膳《いわいぜん》に付けられたそうでございます。睨むだけで食べられませず、元旦、二日三日のお祝膳、七日七草のお祝い、十五日小豆粥のお祝いの時にもお膳に付け、十五日間お塩漬けで保存します。

お祝いの料理

たたきごぼう、ごまめ、黒豆をお椀と同じ塗物の浅いお皿に盛りつけます。

おからものと人参のおなますは、小さい器に盛ります。

沢庵は大根のお漬物を輪切りにして、四片ほどをお皿に盛ります。

お口取りは、紅白の蒲鉾、卵焼き、お昆布巻き、鳥団子、ゼリーなど、工夫をこらして雑仕がこしらえました小さいお料理が綺麗に盛られて、眺めるだけでも楽しゅうございます。

昼食の時、おすべりの茹で伊勢海老も、雑仕が直してお料理して、小芋、こんにゃく、蓮、人参、ごぼう等のお煮しめも揃え、お口取りとともに皆々美味しく賑やかにいただきます。

午後、御所にまいり、元旦につき御祈念の御供米《おくま》（供え物の清いお米）と歳旦祭の御神饌を御披露致します。候所に戻り、翌二日の御神饌を宵上げにお清めを致します。

朝の御用、お夕け、「みこし（夜の御用）」の御祈念は、元日より相変わりませず申し上げます。元日夕方はお風呂をいただきませず、翌二日夕に初風呂をいただきます。

正月二日のこと

午前四時三十分起床。上席の人、仕舞所にて仕度。他全員、着替えして御殿に上がり、御三殿のお門口をお開けしてお両横、御格子の御鍵を外し、大御饌殿御留火より御燭に御火を戴いて、賢所、皇霊殿それぞれ御内陣と御縁に配置し仕舞所へ戻り、仕度致します。

お掃き始め

午前五時三十分頃、上席の人が御殿に上がり、賢所御内陣の御前に座し、お掃き始めの御口上申し上げ、年末に新調したお清め済みの御内陣のシュロ箒にて、御前御床をお掃き申し上げます。

賢所のお掃初めお済みあそばしましたのを、御門口に控えてお待ちする他の内掌典に伝えます。知らせを受けた人は候所に戻り、雑仕に伝え、今年初めて候所やその他のお部屋のお掃除を致します。当直の掌典職《しょうてんしょく》の方も同じく、御内陣のお掃き始めが完了して後、掃除をあそばしてございます。

御内陣お掃き始めを終えた上席の人は、改めてお手水の後、日々の御祈念申し上げ、〆の内二日正月の御神饌を供じます。他の内掌典も潔斎して御殿に上がり、賢所様の御外陣、また、皇霊殿のお掃除を申し上げ、一日夕、宵上げの御神饌と御酒の御三方を御内陣お袖（お入り口）に揃え、それぞれに御用します。

賢所様のお掃き始めが午前五時三十分に、おめでとうお済みあそばしましたことを電話で御所の女官さんに申し上げます。

「御機嫌よう、早速ながら恐れ入ります。御殿様（賢所様）のお掃き始めを今朝五時三十分、おめでとうお済みあそばしましてございます。何もよろしゅう申し入れさせていただきましてございます」

お受けいただきました女官さんから両陛下にお申し入れいただき、御所も賢所のお掃き始めのお済みあそばしまして後に初めて、今年のお掃除をあそばします由、伺いましてございます。

東宮御所にも御同様に賢所お掃き始めのことを申し入れます。

元日にお掃除をしますと今年の福が逃げますとのことにて、決して一日はお掃除致しませず、また、三が日は「掃く」と「お掃除」は決して口に出さないことが慣例でございます。

御殿の御用は午前七時三十分頃までにいったん完了致します。それまでに雑仕は、元旦と同様にお雑煮の仕度を致します。候所にお配膳し、紋付きの正装で待機していまして、元日と同じようにして、白むしのお雑煮をお祝いします。

八時三十分、御代拝がございまして、その後すぐに御神饌をおすべし申し上げ、お片づけ致し、引き続き二日祭がございます。御用終えて昼食致し、午後一時過ぎ、一同揃い裃袴にて新宮殿に拝賀《はいが》（謹んでお祝いを申し上げること）に伺います。

新宮殿の拝謁の御間にて

二日午後一時過ぎ恒例の国民参賀にて、広廷にお出ましの時間の合間をお割きいただき、わざわざ拝謁をいただきます。

両陛下に拝謁恐れ入りながら、上席の人が新年のご祝詞《しゆくじ》申し上げ、昨年中は申し上げようもございませぬほどに結構に思し召しをいただきました御礼を申し上げ、なお本年もよろしゅうお願い申し上げますことを申し上げ、両陛下よりもったいない温かいお言葉をいただいてありがたく感極まりながら退下いたします。

その時は、恐れ入りながら内掌典一同横列し、間近に両陛下をお見上げさせていただき、直にお声をお掛けいただきまして、唯々恐れ入り、お答え申し上げました言葉も夢中のほどに感激致します。一年一度の言葉に尽きませぬありがたく幸せの時でございます。

続いて応接のお間にて、侍従長、女官長、女官さんにお出ましいただき、新年のご祝詞を申し上げ、引き続き御紋付の朱盃でお祝酒をいただき、お祝膳のお正月のお祝いの御品々がおめでたく盛られてございますのを、ありがたくいただかせていただきながら、しばらくお話し申し上げて退出。賢所に帰参後、お湯をかかって順次潔斎。緋縮緬の小袖に袴を着けて、袿は着ませず、御三殿お拭掃除。三日に供じます御神饌のお清めを宵上げ申し上げて、上席の人、御内陣でお夕けの御用。その間、他の内掌典は御外陣の御用、またはお外廻りの御用を致します。日々の御用、相変わりませず勤めさせていただきます。

夕食後、上席の人から順に、今年初めてのお風呂「初湯」をいただきます。

お口祝い

二日、御所へ新年の御挨拶に上がります時、戦後しばらくまでは御所のお正月のお祝いにて、女官長から「お口祝い」をおめでとういただきました。

お広蓋（引き出ものなどを入れる盆状の容器）の中にお切り昆布（幅五〜六センチ、長さ十センチくらい）、干し鮑《あわび》（幅三センチ、長さ十二〜三センチ）、搗栗《かちぐり》（一般的には「勝《かち》栗《ぐり》」と書く。皮のまま干した後、外皮と渋皮を取り除いた栗）が揃いましたのを女嬬《にょじゅ》さん（お手伝い役の女性）が持し、女官長さんがその中の三種を口細でお重ねあそばします。女官長の御前に伺います一人ひとりにおめでたくいただかせていただきましてございます。

口細にてお切り昆布の上に干し鮑を載せ、その上に搗栗を載せて重ねられまして、その形を崩さず重ねたまま口細でお挟みあそばしましていただきますのを、「おめでとう結構にいただかせていただきます」と御礼申し上げます。右手掌に戴き、同時に親指で搗栗を押さえていただき、深く一礼して退きます。側にお待ちいただきます女嬬さんより二つ折りの半紙をいただき、その真ん中に載せて左右交互に三つ折りにし、上下も少しずつ折って包み、大切に戴き帰ります。

お口祝いは、お正月年の初めのご祝賀にお伺いあそばします御所のお方様、宮様方が陛下からおいただきあそばしますそうでございます。

内掌典にも同じようにお祝いをいただきます幸せをありがたく謹んでいただきますように、そして手に戴きます時には、先のお方様の御様子をよく拝見してそのとおりにして戴き、決して下に落とさないように気をつけてお受けすることを三上様から厳しく教えられ、緊張していただきましたことを思い出します。

いただきましたお口祝いは、自分の部屋の清い所に飾らせていただきます。長い間そのままにしておくとカビが生えますので、お昆布と搗栗はありがたくいただき、鮑のみ大切に残しておきました。

現在も御所では大事な年の初めのお祝いの行事をお続けあそばします御事と存じます。その昔はお公家さんのお家でもお昆布、搗栗、鮑のお口祝いをあそばしました由伺いました。遠い昔から続く御所の尊い伝統でございましたが、最後にいただいたのがもう四十年も前のことになりましてございます。いまも一組だけ大切な宝として保存致しております。

正月三日のこと

午前四時三十分起床。若い内掌典は御殿に上がり、御外陣に御燭のお明りを上げ、お掃除申し上げます。上席の人、次席の二人は潔斎の後、御殿に上がり、日々の御祈念に続き、元始祭《げんしさい》につき御神饌を供じます。お掃除の後いったん候所に戻りました若い内掌典も、次々に潔斎の後、袿袴にて御殿の御用を申し上げます。

内掌典一同、御殿より候所へ戻り、元日、二日と同じように白むしお雑煮でお祝い致します。雑仕も正装にて、すぐにお祝いのできるようにして待機致しております。

御祝膳が終わって御神饌おすべしのため再び御殿に上がります。

午前八時半過ぎ、三日祭、引き続き元始祭が執り行われます。元旦の歳旦祭は、天皇陛下、皇太子殿下の御拝《ごはい》ですが、元始祭は今年初めて両陛下、両殿下がお揃いあそばしまして、御三殿に御拝あそばします大切なおめでたい年の初めの御祭《おまつり》でございます。

御祭が終わりました後に、大きな御三方にお盛りつけ申し上げました十二の御品を御前にお供え申し上げ、夕方までそのまま上げておき、夕暮れとともにお盛りつけしたままの御三方をおすべし申し上げます。この御神饌は、元旦から三日までの三が日、同じものを御同様にお供え申し上げ、三日夕におすべし切りに申し上げます。お正月の特別なお供えでございます。

内掌典は午後一時過ぎ御所へ伺い、元始祭御拝あそばしまして御鈴の上がりました時の御供米《おくま》と御神饌を御披露申し上げます。

御供米は、大きい黒塗御紋付の御文庫に納めて内掌典が持し、御神饌は御唐櫃《からびつ》に納め、上に担ぎ棒を置いて麻布で結わき、上から御錦の御覆いをお掛けします。それを、掌典職のお方と御奉仕のお方々が白衣を召して、賢所から御所までの道程をお運びいただきます。

車にはお載せ申し上げませず、重い御唐櫃を棒で担ぎ、歩いてお運びいただきます。明治の御代から大正昭和の御代も現在も変わることのございませぬお姿にて、御所までの遠い御内庭の道程を歩調を合わせて静かにお運びいただきます。賢所様、皇霊殿様にお供えあそばしました御神饌ゆえにございます。御所で陛下が御直に御拝あそばしします御事と存じ上げます。

なお、御供米を入れました御紋付の御文庫は、紫縮緬のお袷《あわせ》にて真ん中に大きな御紋付のお風呂敷きにお包み申し上げて、内掌典がお持ち致します。御所より帰参後、御唐櫃の中の御神饌などをお片づけ申し上げて、三が日の御用めでたく終了致します。

三が日は一日中袿袴の正装でおりますが、早朝は平常着で朝のお仕度を申し上げ、夕方は袿を脱いで、緋縮緬《ひちりめん》小袖《こそで》と袴で宵上げのお清めなどの御用を致します。

おひけの時は内掌典一同正装にて揃い、年末年始の御用お滞りなくおめでたく済ませていただきましたお祝いと、お互いにご苦労様でしたと労をねぎらいます。白味噌のお雑煮をおめでたくお祝いできましたことを雑仕によくよく感謝申して、おひけに致します。雑仕も、三が日はお清所《きよどこ》の仕度の時以外は、一日中訪問着を着ております。

二種一荷

元旦には両陛下、東宮様よりおめでたくお鮮鯛二尾、お昆布と御酒の二種一荷《にしゆいっか》が賢所に供ぜられます。歳旦祭終了後直ちに御殿にお揃えして御披露申し上げげます。

お鮮鯛は、目の下一尺と申し、お昆布は束ねた真菰《まこも》（イネ科の多年草。葉が細い）に、幅十二〜十三センチ、長さ四十センチぐらいのお昆布を横に並べて連ねられ、横に五十センチくらい、縦に三十センチくらいの龍脚台《たつあしだい》にそれぞれお載せしてお供えあそばします。

御酒は、最近は瓶詰めのままで上がります。以前はベンガラ（赤い染料）染めの赤樽（柳樽）が必ず二つ上がりました。樽は棒で肩に担ぐので「一荷」と申します。御外陣に内掌典がお並べ申し上げ、当年も相変わりませず年の初めにおめでとう二種一荷を供ぜられますことをよろしく申し上げて、御披露申し上げましてございます。二種一荷はお正月の他に、御大礼の時、また、東宮様御結婚式のように、皇室の御慶事の時にお供えあそばします。お鮮鯛は、両陛下、東宮様の御誕辰《たんしん》の時おめでたくお供えあそばしまして、内掌典が誕辰につき御祈念申し上げまして、続きにおめでたく御披露申し上げます。

正月四日

〆の内四日目、御殿は〆の内四日の御神饌が上がります。

候所ではお鏡開きと申しまして、元始祭の御神饌のおすべりの御鏡餅をいただいて、適当に小さく直しておきまして、昼食に御鏡餅のおすましのお雑煮をいただきます。おすましのお汁は、お昆布とおかかのお出し汁にて、蒲鉾と小松菜を入れ、おすべりのおかちんを火取って（焼いて）お汁に入れていただきます。おまわり（おかず）は特に決めることなく、おすべりのおまなを適当にお料理してもらい、お正月のお煮しめもいただきます。

正月七日

〆の内、七日正月のおめでたいお祝いの日ながら、昭和天皇祭にて午前五時起床、前夜に大御饌殿で御火出し致しましたお留め火を御燭に移し、御殿の内、外に配置。お掃除、お仕度など申し上げます。

上席の人、次席の人は潔斎後、御殿に上がり御祈念の御用を申し上げ、続いて、御神饌は〆の内七日正月の御神饌を供ぜられます。内掌典全員次々と潔斎の後、袿袴を着用し、御神饌のお清めなど各々御用を致します。毎朝御代拝までにお正月三が日と同じように七日正月のお祝いを致します。

雑仕の二人は無地紋付の正装にて、お配膳を終えて控えています。

大きい食卓にお膳配し、その横におにらみ鯛、お福茶の梅干し、お昆布入りお茶碗、たたきごぼう、ごまめ、黒豆、おなます、お漬物とお口取りの盛り皿が並べられ、二つのお火鉢には一つはお福茶のお薬鑵を、他方は七種粥（七草粥）のお鍋が掛けられ、真赤なお炭が温《ぬ》こうございます。

初めにお福茶をいただき、御殿に向かって七種粥のお祝いをおめでたくお祝いさせていただきます御礼を申し上げ、お椀にお湯煮の丸餅と七種粥をよそい、雑仕の配膳を受けて御礼を申していただきます。

七種粥は、内朱塗りの大きいお椀に入れられた白いお粥に七種の若葉が所々に交わって美しく、仄《ほの》かに青葉の香りがします。おかちんとともにいただきますと、その美味しさは申し上げようもございませず、口の中で心ゆくばかり賞《め》でる時、冷えた身体が芯まで温まります。

一年に一度の七種のお粥を代々先輩から後輩に受け継いで、一所懸命にこしらえます雑仕のお陰でお祝いできます幸せを思います。

やがて御代拝がお済みあそばしまして後、内掌典一同、御殿に上がります。御神饌をおすべし申し上げてお片づけ致し、引き続き御祭のお仕度申し上げます。

午前八時二十分、昭和天皇祭お始まり。皇霊殿にて御神饌が上がり、掌典長の御《お》祝詞《のりと》。午前十時、御上《おかみ》御拝に引き続き、皇后様、東宮様両殿下も御拝にて、続いて参列の方々が木階下にて御拝礼。御神饌をおすべしあそばしまして、昭和天皇祭が終了致します。

午後二時半ごろ、御殿にて毎朝の御用のお片づけ、翌朝のお仕度など日々の御用を致します。

午後四時三十分、昭和天皇御神楽の御祭お始まりにて、御神饌、御祝詞《おのりと》が上がります。午後五時、御上御拝に引き続いて皇后様、東宮両殿下の御拝がございます。

午後六時ごろより神楽舎《かぐらしゃ》にて御神楽お始まり。皇霊殿の御外陣、また御高欄御縁の所々に金燭のお灯りが、庭上には庭燎《ていりょう》が高く赤々と燃えて、要所要所に菊の御紋付の大きなお提灯が配置され、神々しい浄暗《じょうあん》でございます。

宮内庁楽部のお方々の奉仕にて御楽の音静かに響き、時にひときわ冴えて、高く聞こえる神楽歌。神楽舎で御装束を着けて向かい合い、居並ぶ楽師や、白い御装束に身を正して黙々と上座に座して庭燎を焚く掌典職のお方、赤々と燃えるその清い御火の前に進み出てお榊《さかき》を持ち、お装束の裾《すそ》を長く引いて両手を広げて優美に舞う人長《にんちょう》の尊容、これらすべて神様のお姿に見えて神気漂う御内でございます。

昭和天皇様、いかばかり御満足さんであられます御事と存じ上げます。

毎夕の御祈念の御用のため内掌典が潔斎して賢所大前に進みます時、一瞬だけ伺います御神景でございます。

深夜十二時過ぎ、昭和天皇御神楽終了。

一月七日は来る年ごとにおかくれあそばしました当日の思い深く心に満ちて、また、上がりましてから四十五年間ひたすらに御上の御寿命御長久《ちょうきゅう》さんを御祈念申し上げ、生き神様でならせられます御上と賢所様をお重ね申し上げました日々を、そして戴かせていただきました計り知れませぬありがたい思し召しなどの万感胸に迫りながら、夜更かしを致します昭和天皇御神楽でございます。朝は七種粥で七日正月のお祝いをしまして、後は昭和天皇様の御祭にて複雑な思いで過ぎてゆきます一月七日でございます。

赤々とお清いお明りに照りました浄暗から、賢所御前庭はいつものお静かな真の浄暗に戻りましてございます。

候所に戻り、内掌典一同、雑仕も揃い、今日の労をお互いにねぎらい、日が変わった午前二時ごろ、就寝致します。

七種粥のこと

七種粥は雑仕が仕度致します。最近はデパートの食品売場などで七日近くになりますと、せり、なずななどを一束にして売られておりますのを求めておきます。

六日夜、お清所で七草を水洗いして茹でます。茹でた七草をまな板の上に並べおき、包丁、れんげ、おしゃもじ、お菜箸など雑仕が手に持って、古くから伝わります歌、「唐土の鳥が日本の国に渡らぬ先に七草なずな七草なずな」と声に出して囃《はや》しながら、七草を叩き細かく切ります。

七草の一部は刻まず茹で汁ごとそのまま残しておきます。

七日朝、お昆布のお出し汁にて白いお米でお粥を人数分こしらえます。でき上がり間際、昨夕に細かく刻みました七草を入れてそっとかき混ぜます。

丸餅はお湯煮にして柔らかくしておきます。できあがったお粥と丸餅を候所に雑仕が配膳し、七種粥のお祝膳をおめでとうお祝いします。元旦から七日までは決してお粥はいただきませず、七種粥を祝って初めていただくことになっております。

七日夕、七草の茹で汁に爪をつけて、その年初めて手、足の爪を直し（切り）ます。

前夜取り置きました七草の入った茹で汁を温め、脚付きの小タライに、適温に温めた七草の茹で汁を入れます。

上席の人から順に両手を七草のお湯につけます。足の爪は直接お湯にはつけず、手をお湯につけて足袋《たび》の上からしぶきをふりかけます。上席の人が済みましたら次の人に交替。順に手を七草のお湯につけ、しぶきを足にふりかけます。

元旦から七日までは決して爪を直しませず、ゆえに年末までに爪を整えておきます。理由は分かりませんが、代々言い伝えを守っております。雑仕もまた、同じように爪を直しますことを守っております。

正月十五日

正月〆の内十五日は、十五日正月と申し小豆粥のお祝いを、七種粥のお祝いと同じように候所にて致します。

当日は御殿の御祭はございませんので、雑仕は小紋の着物で、七日と同じように大きい食卓に内掌典のお膳を配し、その横に各々おにらみ鯛、お福茶、お椀、たたきごぼう、ごまめ、黒豆、おなます、おからものお漬物、お口取りの盛り皿を並べます。大きいお火鉢に小豆のお粥をかけ、もう一つのお火鉢にお福茶のお薬罐をかけておきます。

お火鉢の一つは銅製で、六〜七センチくらいの平らな手摺りがあり、三本足の付け根には鬼面が刻まれています。もう一つは真鍮《しんちゆう》製で、四センチほどの平らな手摺りがある丸火鉢でございます。

暖房のなかった時代には、このお火鉢二つが唯一の暖房でございました。現在も真鍮のお火鉢には必ずお炭を入れ、終日、鉄瓶をかけてお湯を沸かしております。

三が日、七種粥と同じように、まずは御殿に向かって十五日正月小豆粥のお祝いをおめでたく祝わせていただき、お福茶をいただきます。お椀にお湯煮の丸餅と小豆粥をよそい、いただきます。

小豆のお粥はおこわ（お赤飯）と同じ色にて、柔らかな丸餅をお箸でちぎりながらいただきます。少々甘味のあるお粥の美味しさはまた格別でございます。いつまでもこのお祝いが続きますように祈り、〆の内のお祝いを賞でましてございます。

お祝いのお雑煮、お粥は必ずお替わりをしてお祝いを重ね、中の丸餅も、三つでも四つでも、いくついただいてもよろしいと教えられましてございます。「食べ上がり」と申すそうでございます。

三が日と七日のお祝膳は、御祭の合間にいただきますのでゆっくりできませんが、十五日のお祝膳は内掌典だけの御用にてゆっくりといただけます。

終わって雑仕がお膳を片づけ、「今年もお陰さまで年の初めのお祝いを相変わりませずおめでとういただきましてありがとうございました」と内掌典が申すと、雑仕は、「お陰さまで賢所様でお正月を迎えさせていただきまして一生の宝でございます。恐れ入りました」と申し、お互いに両手をついて心からの御礼の言葉を交わして退下。その後、雑仕も雑仕候所でお祝い致します。

元日から十五日の間、おばん（食事）に使わせていただきました口細のお箸とお箸紙は、十五日の夕食まで使います。明朝からは各自お膳のお箸、お箸箱に戻します。

〆の内のお祝いは十五日にてお終いでございます。

小豆粥のこと

小豆粥の小豆は、前日より小豆を煮て、煮立ちました時の澄んだ小豆のお汁を別に取り置き、さらに、小豆の皮が破れない程度に気をつけて柔らかくなるまで煮ます。取り置きの小豆の澄んだお汁にお米を浸け、十五日当日、適当に柔らかくなった小豆を入れてお粥を煮ます。

小豆粥には、おしろもの（お塩）の他にお砂糖も少々入れて味付けします。お祝いを終えたら、最後にお鍋に残ったお粥を、必ずお椀に一杯分残しておきます。残したお粥は、十八日に同様にこしらえた小豆粥に足して朝食にいただきます。

「おしるこ」や「小豆」は十五日まではいただきませず、十五日に小豆粥をいただいて初めていただくことができることになっております。お菓子はこの限りにありません。

お椀のこと

お正月お祝膳に使います黒塗りのお椀は、お椀と同じ模様の三つ重ねのお皿十組とともに、黒地の胴とお蓋にやぶこうじ（ヤブコウジ科の多年草）の優しい模様が銀色で描かれてございます。古くから伝わりますお品でございます。

色褪せて塗りも剝げてきましたので、昭和五十六年に塗り替え、二十年後の平成十三年になってさらに、表は無地の黒塗り、内を朱塗りに塗り替えました。長い間に少し口が欠け、割れ目が入ったものもそのまま残っております。

明治遷都の時、賢所にお仕えあそばしたお方様が、京都御所から候所に持参あそばしましたそうでございます。その際、大きく立派なお台子《だいす》とお風炉、お釜、お水指し、柄杓立てと一緒に御持参あそばし、いずれも現存してございます。どれも内掌典の大事な大事な宝物でございます。

百年以上も前から、年の初めのお祝いにお使いあそばしました先の内掌典のお方様のお心を思います。百年以上も過ぎました今も、同じお椀でおめでたくお正月のお祝いに使わせていただきますその重みを深く思います時、抱きしめたくなるほどに感無量でございます。

いつまでも大切にして、これからも若い内掌典がこのお椀でお正月のお雑煮をお祝いさせていただきますようにと、熱い思いで願うばかりでございます。

明治、大正、昭和のお正月をお祝いあそばしまして、賢所をお護りあそばしました代々の内掌典のお方々のお心に通じさせていただきます大切なお椀でございます。

十八日粥のこと

朝食に小豆粥をいただきます。前日から小豆のお汁につけたお米で新しくこしらえた小豆粥に、お椀一杯分だけ残しておきました十五日の小豆粥を足していただきます。風邪をひかないおまじないの由、昔から言い伝えられてございます。

また、十八日は骨正月と申します。おにらみ鯛を前日からお水に浸けてお塩出しをし、火取って（焼いて）昼食にいただきます。おひら（鯛）もおむら（鰯）も、元日からお膳に置いて睨むだけで、十八日になって初めていただきます。十八日間塩漬けにしておりますゆえ、身が締まってしまい全部はいただききれませんが、以前はすべていただいておりました。最近ではできるだけいただき、残りましたところを、お頭、骨付きとともに恐れ入りながら土に還させていただきますのが、常になってしまいました。

一年に一度、年の初めのお祝いにいただきます白味噌のお雑煮、七種粥、小豆粥は雑仕が仕度致します。先輩に見習いましたのを受け継いで一所懸命こしらえます。その仕事ぶりをまた後輩が拝見して、次の年に引き継ぎますことで、変わることなくお正月のお祝いができます幸せは、言葉に尽くせませぬ思いでございます。雑仕が賢所に身を置いておしきたりを修得しますうち、備わります品格が自然に光って幸せにつながりますことと、親身の熱い思いで見守る私でございます。

御殿の御用とともにあります年の初めの候所のお祝いが、いつまでも続きますように。

御神饌のこと

旬祭《しゅんさい》その他小祭、大祭の宮中祭祀《さいし》の御祭には、掌典職のお方々白衣にて、その時々の御神饌を大御饌殿にて調整されます。

内掌典は日々の御神饌を供じ、また、一日、十一日、二十一日には早朝から御旬《おしゅん》につき御祈念の御用があり、その続きに御旬につき御神饌を供じます。内掌典の御旬につき御用が終わりまして後、午前八時三十分より旬祭がお始まりになり、掌典の方がお仕度申し上げました御神饌を御三殿にお供えあそばします。内掌典が供じさせていただきます日々御常の御神饌は、御九献《おっこん》、鳥の子、お昆布、お干物、生のおまなでございます。

御九献《おっこん》

「御九献」はお酒のことでございます。「まず一献」と申して御盃を交わします時申します「九献の盃」に「お」を付けて「おっこん」と申し上げるのでございましょう。

昔からの御所言葉でございます。

銀の御錫《おすず》に、決められた量の御九献をお湯桶から漏斗《じょうご》を受けてお入れし、御三方に載せて御前に供じます。

御神饌を供じます時、御九献は、御前で御錫から御盃にお注ぎしてお上げ申し上げます。

大正時代に内掌典をお勤めあそばしましたお方様が、「賢所様の御前で御盃に注がせていただきますことは本当にありがたいことですよ」と、私に教えるようにしておっしゃいましたお言葉を、いつも心に留めて御用を勤めさせていただきました。

戦前は、毎月の月末、業者から直接四斗樽で納まりました。

高さ三十センチくらいの台の上に載せ、竹の箍《たが》の下に口を開け、麻で綯《な》った（綯うとは、より合わせて紐にすること）紐付きの口筒を取り付けて栓をし、内掌典御饌殿に仕度ができてございました。

現在は、毎朝潔斎の後、お手水で手を清め、決められた量の御酒を瓶から取り、御三方に載せた仕度のお湯桶にお入れしますが、樽の時には御酒の出し口にお湯桶をお受けして、そっと栓を抜き、お湯桶にお印まで御酒を入れました。

最初のころは、吹き出してこぼしたり、どっと出てたくさん入れ過ぎたりして、馴れますまでその度毎に緊張致しました。月末に、樽底に少々残りましたのをお酒瓶に入れ替え、毎日お世話になります省使《しょうし》（宮内省から賢所に配属されている小使いさん）にあげます時の嬉しそうな顔、声、押し戴く姿は、いまも目の前にございます。六十年前のことにございます。現代の新しい世の中に、樽入りの御酒の御用は再び戻ることはございません。いまにして尊い経験をさせていただきましたありがたい思い出でございます。

終戦後、御神饌に上げさせていただきます御酒は、瓶詰のお酒を一カ月分まとめて内掌典御饌殿に置くようになりました。

鳥の子、その他

鳥の子は、糯米《もちごめ》を蒸して、鳥の卵を模した形に握ったものでございます。

当直の掌典補が早朝潔斎の後、前日から水につけた糯米を大御饌殿にて蒸して心をこめてこしらえます。

以前に一読した書物に「古い信仰では、餅、握り飯は魂の象徴である」とございました。『風土記』の中では、「水田を造り富裕になった男が餅を的として射ると餅は白鳥と化して飛び去り、男は死んで水田は荒れてしまった」との記述がございます。また、逆に白鳥が餅となり、さらに芋草（里芋）となったり、あるいは、白鳥が飛んできて稲となり芋草となるお話もございます。そうした逸話と鳥の子を重ね、御殿の御神饌に欠かせないお餅や、お雑煮に祝います芋草のことを思い出してございます。

お昆布は、約八センチと十センチぐらいの大きさで二枚に清いお水を濡らした手を振ってしぶきを振りかけて清め、お干物は、あじ、または、かますなどに水をかけお清めしてお上げ申し上げます。

おまな

お魚のことを此方では「おまな」と申します。お料理のまな板は、おまなを料理する板からできた言葉と伺いました。

おまなは日々、お丸物が上がります。二十センチから二十五センチくらいのおひら（鯛）、いさき、あいなめ、ほうぼうなど。業者がおなか（はらわた）を取って納めます。

お手水のお流しで手を清めてから、おまな、お干物、鳥の子、お昆布を御殿の奉書に敷いた御素櫃にお移しして、御内陣お袖（お入り口）に置きます。

御旬には、おまなは三種上がります。「三色物《みいろもの》」と申します。

三色物はお切り身とお数物、お丸物のことで、お切り身には大きな魚の真ん中のみ。お数物は、小さいお魚や、貝など。お丸物は、十五センチくらいの大きさのお魚が上がりましてございます。

皆々お清流しでお水をかけてお清めの後、御素櫃に入れます。

お菓子

一日、十一日、二十一日の御旬の御神饌は、日々の御神饌（おまな、御九献、鳥の子、お昆布、お干物）とともに小戴《こいただき》、お菓子、旬のお野菜またはお果物も上がります。

小戴は求肥《ぎゅうひ》のような皮の中に甘いこし餡が入ったお菓子で、きな粉を少々載せてございます。

お菓子も賢所、皇霊殿の御神饌のためにのみ、こしらえた『とらや』特製のお菓子でございます。

一日の旬祭にはお羊羹とお菓子がともに上がります。十一日はお野菜で、二十一日はお果物とともにお菓子が上がります。『とらや』は明治以前、元禄年間の記録もあるほどに昔から御所で御用になりましたお菓子を納めております。古い形のまま重厚で、見事に美しいお菓子を調整されますお陰さまでこそ御前にお供えできます。御由緒のお菓子を代々にわたり調整されました『とらや』のご歴代社長様のお心を、現在の十七代・黒川光博《くろかわみつひろ》社長が引き継いで、賢所の御用に尽くされております。私はそのご至誠を、神様がどんなにか御満足に思し召されていることかと存じております。

黒川社長のお心をそのまま受けて、賢所のためにひたすらにお供えのお菓子、また時々の御祭に御神饌のお菓子やお鏡餅の御用を余すことなく叶えていただきますご担当のお方々の誠意に、言葉に尽くせませぬ熱い感謝の気持ちでいっぱいでございます。また、賢所の御用を受けて、工場で一所懸命研鑽を積みながらこしらえられます技師のお方々の尊い努力のお陰様で変わることなく貴重なお菓子を古い伝統の形のまま御前に御披露でき、ありがたいことにございます。

旬のお野菜、お果物

旬のお野菜とお果物は、その季節の食物の出盛りの初めにて、一番良いお野菜、お果物をお上げ致します。

細かい御品は土器にお盛り致し、長い御品は決められた寸法に直し、お清流しでお清めして、お菓子とともにお上げ申し上げます。

御神饌御披露

内掌典がお供えをさせていただきます御神饌は、昔から続きます日々の内々の御神饌でございます。陛下から日々の御神饌をお上げあそばしますのを、内掌典が、御前に上げさせていただきましてございます。

御神饌を御前にて御披露申し上げます時には、お一つずつお色目を申し上げ、陛下が御機嫌ようならされまして、この御神饌をただいま、御前にお上げあそばしますのを、どうぞお召し上がりあそばしましていただきとうございます、と、目の前の生き神様にお話し申し上げますような一途の思いで、御披露申し上げましてございます。

日々の御神饌は、賢所に続いて皇霊殿にも御同様に申し上げまして御披露申し上げます。

第五章

お正月の御神饌

元旦より十五日までの御神饌《ごしんせん》

元旦より十五日まで、日々のお常の御神饌の代わりに、〆の内、お正月の御神饌が上がります。

十二月三十一日、除夜につきましての御神饌、一月一日元旦につきましての御神饌、二日〆の内二日正月につきましての御神饌、三日元始祭《げんしさい》につきましての御神饌、七日〆の内七日正月につきましての御神饌、十一日〆の内旬祭《しゅんさい》につきましての御神饌、十五日〆の内十五日正月につきましての御神饌をそれぞれ上げさせていただきます。それ以外の一月四、五、六、八、九、十、十二、十三、十四日は、〆の内四日の御神饌、〆の内五日の御神饌とそれぞれ申し上げます。

御九献《おっこん》はいつもの御神饌に同じ。

鳥の子、小戴《こいただき》は代わって「お菱葩《ひしはなびら》」が上がります。

お昆布は上に搗栗《かちぐり》を載せます。

お干物の代わりに「かずかず（数の子）」が上がります。

日々のおまなは、常と同じにございます。

さらに、除夜の御神饌、元旦、二日、三日、七日、十五日には御神饌とともに茹で伊勢海老が上がります。また、元旦、三日、十一日には御旬と同じような御神饌とともに、お菓子二色、または、お野菜、お果物二種と三色物《みいろもの》のおまなの、計五種を添えてお供え申し上げます。

お菱葩のこと

お菱は、お雛祭の菱餅と同じような形にて、対角線は約十五センチ、厚さは一センチに満たないほどで、濃い小豆色のお餅でございます。

お葩は、白い丸いお餅で直径十五センチくらいのお菱よりなお薄く柔らかなお餅でございます。昔のままを守って一枚一枚丹精込めて『とらや』がこしらえて納められますお菱葩でございます。

十五日までの日々の御神饌には、鳥の子の代わりに、お菱二枚にお葩を一枚、合わせて三枚、小戴の代わりに、お菱二枚にお葩を三枚、合わせて五枚と奇数になりますように重ね、お菱は計四枚、葩も計四枚となります。除夜祭と元旦、二日、三日、七日、十一日、十五日の御神饌にはさらにそれぞれ一枚ずつ数多く重ねます。

搗栗（勝栗）のこと

お昆布の上には搗栗を五つお載せします。

搗栗は丹波の生栗を九～十月ごろ、お構内の御縁で日に干し、上皮が乾いたら一粒ずつ切り出し小刀で上皮を剝き、さらに一～二カ月間天日に干します。渋皮が乾いて、切り出し小刀ではがれますまで気長に干します。栗の身が乾いて皺が寄り、その筋の中の渋皮まで取れますのを待って全部の渋皮をむき、三カ月かけて完全な搗栗をこしらえます。

これは大変な労力と細かな心遣いが必要でございます。掌典職《しょうてんしょく》のお方が一粒ずつ丁寧にむいてこしらえ上げます。賢所《けんしょ》だけの尊い搗栗でございます。

新嘗祭《にいなめさい》の御神饌にもお使いあそばします上に、お正月の御神饌のためにたくさんのお数の搗栗がこしらえられます。

かずかず（数の子）、茹で伊勢海老

かずかずはお干物の代わりでございます。

頭も尾の部分も欠けてございませず、完全な形の上等の数の子を年末に納められます。

かずかずは大変薄い皮が全体を被っています。お清めします前の晩までに、薄皮を一つずつそっと丁寧に剝がしておきます。大御饌殿《おおみけでん》の火の気のないお流しの前に立ち、冷えた指先で一つずつ剝がします薄皮に、時には折角の頭の部分や二つに分かれた尾の先が一緒に取れてしまった時の残念さはたとえようもなく、余計に寒さを感じる時でございます。

十二月三十一日除夜の御神饌、元旦、二日、三日、七日、十五日の御神饌におまなの続きに茹で伊勢海老が上がります。それぞれの前日に生きた伊勢海老を、尾を胴の下に曲げて麻で形を整え、髭を背中に向けて塩茹でにして、赤く美しい姿に掌典職のお方がこしらえます。

素朴な御神饌ながら、昔のままおめでたく相変わりませずご丁重に供ぜられますことによって、神様はお満足さんに思し召しあそばします御事と存じ上げます。

伝統をお守り申し上げますために、自分のお正月を省みず、早朝から年末年始の御用滞りなくお済みあそばしますまで、御用を勤めさせていただきます掌典職の皆様の真のお心を思います。

宮中祭祀《さいし》に依って行われます年末年始の除夜祭、歳旦祭《さいたんさい》、二日祭、三日祭、元始祭、一月七日の昭和天皇祭と夜の御神楽のそれぞれの御祭《おまつり》に上がります御神饌は、細心の特技を必要とします。折櫃の御神饌、また平盛りや御三方にお盛りあそばします御神饌は、火の気のないお清い大御饌殿で、潔斎《けっさい》をすませた掌典職のお方が揃って、ひたすらにおこしらえられておられます。神様にお供えあそばします清い御神饌を調製します掌典職の方々、また誠心誠意を尽くして立派な御神饌の御品々を揃えていただきます業者のお方々のお陰様でこそ守られますお正月のおめでたい御神饌でございます。

おかちん

おすべりのお菱葩は火取って「お焼きがちん」にしていただきます。「お祝いがちん」とも申します。

年末に仕度しますお雑煮のお味噌をお菱葩用として余分に求めておき、候所《こうしょ》でお火鉢にかけてお焼きがちんの甘味噌をこしらえます。

白味噌の半分くらいの白砂糖をお鍋に入れ、お砂糖が浸るほどのお水を入れ、お火鉢にかけて煮立たせます。静かに掻き混ぜながら、糸を引くようになるまで煮ます。できましたらお鍋をお火鉢からいったん降ろし、煮ましたお砂糖蜜の中に白味噌を入れ、再びお火鉢にかけて、焦げつかないようにお炭火を調節しながら、おしゃも（しゃもじ）でお鍋の底からまんべんなく、ゆっくり丁寧に掻き混ぜ、約一時間練り上げます。弱い火ながら、「ぷくっ、ぷくっ」と煮上がりましたらでき上がりでございます。内掌典《ないしょうてん》の特技でございます。

以前はお菱、お葩ともに、お火鉢のお炭が真っ赤になるまでおいて、その上に少し灰をかけるくらいの穏やかなお火加減で火取りました。いまはパンを焼くオーブンに入れて火取ります。

いただきますお菱とお葩を同じ枚数だけ揃えておき、甘味噌はお菜箸を添えて仕度し、半紙を二つ折りにして同じ枚数を仕度します。

用意ができたら一枚ずつオーブンで火取ります。お葩は一枚が「ぷーっ」とふくれたらでき上がりで、決して焦がさないようにして二つ折りの半紙に載せておきます。お菱もまた同じように、「ぷーっ」とふくれましたら焼けていますので、焦げませぬうちにお葩の上に載せます。

お菱の長い方の対角線をお菜箸で押さえて溝をこしらえ、できた窪みに甘味噌を置きます。本来はその甘味噌の上に茹でた細いごぼうを一本載せ、半紙のまま両手に持って合わせ二つ折りにします。ごぼうは上手に茹でることが難しく、いまはお味噌だけを入れていただきます。

いただきます時には、二つ折りのお焼きがちんを挟んだ半紙ごと左手に載せて、右手で半紙の上の部分を広げ、口細のお箸でお葩の二つ折りの上の部分を開いて、お味噌にまぶされたお菱をまずいただきます。お味噌がほどよく付いていますお葩を再び二つ折りにして、さらに細く折ってお箸で持ち上げてかぶりつきますのも絶妙の美味しさでございます。

このようにしてお菱葩をいただきますのが、私どもの何よりの楽しみでございました。

お正月三が日の御祭事がお滞りなくお済みあそばしました時、掌典の方の皆様にも御慰労をかねて「お祝いがちん」をこしらえておめでたく差し上げます。皆様大変お喜びいただきます。心温かい一時にございます。

御所では、この「お祝いがちん」のお菱だけをお召しあそばし、お葩はそのままお下げあそばしますように伺いました。お葩はお菱のお盆代わりの役目でございますとの由にございます。

日にちが経って固くなりましたお菱葩は、お雑煮に入れましたり、お火鉢で網に載せて火取ってお醤油を付けていただいたり致します。お菱は小豆の香りがして、お葩は軽くて特有のお味でございます。

ある年のお正月のこと、『とらや』の社長様が御挨拶においでいただきました時、今年もお陰さまでお菓子とともにおめでたくお菱葩を御神饌に上げさせていただきます御礼を申し上げ、おすべりのお菱葩を内掌典特製のお焼きがちんにして差し上げ、召し上がっていただいたことがございます。上手に火取れてお味噌のお味も美味しいとお褒めいただきましたこと、社長様、同行のお方様のお言葉は無上にありがたいことでございました。

ただ、残念ながらごぼう抜きでございますのを御覧あそばした社長様の温かいお心遣いをいただき、後日、ごぼうと甘いお味噌を特別にいただきますことになりました。『とらや』のお店でお正月のみ販売されますおめでたいお菓子「花びら餅」に入ります貴重なお品でございます。大変嬉しゅうございました。

軟らかくこしらえられた特製のごぼうと甘いお味噌を入れますと、内掌典自製のお味と違いまして、何とも申し上げられませぬごぼうの香りと甘いお味噌がよく合って、一緒にいただきますお菱は美味しく、真の「お祝いがちん」のお味でございますのを賞《め》でることができました。ありがたいことでございました。私どもでは決して作れませぬ味でございます。天からお恵みいただきましたように幸せでございました。賢所《けんしょ》に上がりました若いころのこと、一月二日に御所へ参賀にまいりまして、お口祝いとともにいただかせていただきましたお祝いがちんと同じお味を思い重ねまして、お正月のお祝いをさせていただきましてございます。

第六章

節分からの御用と候所の行事

節分のこと

雑仕《ざつし》が節分につき、年越しのお豆をこしらえます。

二月二日夜（節分前日）から、または三日朝から、大豆を水に浸け置き、お清所《きよどこ》にて三日午後五時頃までに煎り上げて（約三合）、切溜《きりだめ》（木の箱に「べにがら」を塗ったお重。大小七箱が重ねられる）の最小の器に入れて内掌典候所《ないしょうてんこうしょ》へ持参します。

午後八時ごろ、お夕けの御用が終わって候所に戻った上席の人を待ち、候所にて年越しの節分の行事を致します。

候所の畳廊下側のお障子《しょうじ》をお開けして用意。お平付（御三方《おさんぼう》の上の台）にお豆入りの切溜を載せ、お豆をすくうためのれんげを仕度しておきます。半紙を二つ折りにして、人数分の二倍の枚数を仕度致します。

内掌典一同、候所で畳廊下を背にし、御殿に向かって一列に並び座って、半紙を二枚自分の手前にいただき、れんげでお豆をすくって半紙二つにいただきます。一枚の半紙には自分の歳の数より一粒多く、もう一枚の半紙には自分の歳の数だけお豆を取り置き、残りを切溜の蓋の上にあけます。

用意ができましたら、自分の歳より一粒多い方をいただきます。

いただきます前に、

「当年も今日節分を迎えまして、お陰さまで此方《こなた》でおめでとうお年越しのお豆をいただきまして歳を取らせていただきまして、恐れ入りましてございます。明年も、なおまた相変わりませず、此方で節分を迎えまして、歳を取らせていただきますよう何もよろしゅう申し上げましてございます」

と、御殿に向いて御礼を申し上げて後、お豆をいただきます。

本来は恵方《えほう》の神様に向かってお辞儀を申し上げるそうでございますが、方角が分かりませんので、御殿に向かって申し上げます。

いただき終えて次に、歳の数だけお豆を入れました半紙を手に取り、しっかりとおひねりにして包みます。右手に持って身体を撫でて祓います。撫でる時には目をつむって、「頭がよくなりますように」と心の中で願いつつ頭を撫で、「目も悪くなりませんように」と願いながら両目を撫で、「耳も聞こえますように」と両耳を撫で、「口も歯も丈夫でありますように」と口頬を撫で、「喉も故障の起きませんように」、「胃も腸も心臓も肺も皆々丈夫でありますように」、「腰も手も足も丈夫でありますように」など、心の中で願いながらその部分を撫で、自分の困っているところあればその部分を「治りますように」と、おひねりで撫でさすります。

最後に、「お陰様で今年も厄を祓わせていただきましてございます。今年も相変わりませず健康で無事にお勤めさせていただきますように、よろしゅうお願い申し上げます」と申し上げ、一礼しましたら「おひねり」を頭越しに後方畳廊下に向けて投げ、その後は決して振り向きません。

若い内掌典一人が雑仕を呼びに行き、投げたお豆を雑仕が直ちに拾い集め、翌日お堀の外に捨ててもらいます。

いままでの厄を祓い、節分の年越しで新しい年を迎えます。昔から続けられます内掌典のお年越しの行事でございます。

内掌典が済みますと、次に当直の掌典、掌典補、出仕にも、そのお方の歳より多めに取り分けたお豆を半紙に載せて差し上げます。皆々様、「賢所《けんしょ》でお年越しができてありがとう」とお喜びいただきます。

残っているお豆かられんげ二杯くらいを取り分け、半紙に載せ、風呂敷包みにしてお台子《だいす》のお風炉のそばに置きます。

切溜に残しましたお豆は、雑仕二人に半紙四枚を添えて渡します。雑仕も同じように年越しのお豆をいただき新しい年を迎え、身体を撫でて厄払いをします。最後に残ったお豆は、「福は内、福は内」と言いながらお庭に撒きます。これは私どものお遊びでございます。「鬼は外」と申しませんのは、賢所に鬼はいないからでございます。

半紙に包み取り置きましたお豆は、お台子のそばに残しておき、その年の初めての雷（春雷）を聞いた時、すぐにいただきますと良いとのことでございます。「風邪をひかない」などと申し、はっきりとは分からないままにて、昔からの言い伝えで、雷を聞くと大急ぎで取りにいき、皆で分け合って賑やかにいただきます。

信じない人もおります（私も初めはその一人でございました）。でもいつしかだんだんと言い伝えに惹かれてゆきました。やはり何か訳があるのでしょうか。私も先輩のお方様と同じように、雷が鳴るとお台子のお豆を急いでいただくようになりました。

包んだお豆をお台子の下に置きますのは、お台子のお釜のお風炉に毎朝雑仕がお火を入れますので、湿らないからでございます。

賢所に上がりました昭和十八年より下がりますまでの五十七年間、先輩のお方様にお教えいただきましたそのままを続けてまいりました。二月三日の節分の賢所のお年越し風景でございます。

賢所で五十七回の節分を迎えました私は、賢所でお年越しのお豆をいただきまして歳を取らせていただき、厄を祓わせていただきましたお陰様でこそ、毎年無事健康で御用を勤め上げられましてございます。

三月三日お雛様

三月三日は候所をはじめ、各お部屋にお雛様を飾ります。特別豪華ではなく、七段飾りもございませんし、立派なお内裏様もございません。内掌典候所には小さなお雛様、各部屋には質素なお人形を赤い布の上に飾りますだけでございます。それだけでも何か華やぐお雛祭でございます。

候所には皇后様よりいただきましたお雛様をお飾りします。陶器の綺麗なお花の上にお立ちあそばし、掌に載るほどの可愛い一対のお雛様でございます。五十センチ四方の黒檀の花台にお載せ致します。そのそばに、掌典補（当時）の三木《そうぎ》様の奥様お手製のお雛様をお添えして、小さな金屏風の前にちょこんとお座りあそばしましてございます。

皇后様が地方行啓《ぎょうけい》あそばした時のお土産でいただきました、綺麗な土鈴や干支のお人形も添えて飾ります。桃の花を花器に生けて、皇后様から思し召しにて賜りましたお白酒もありがたくお供えし、『とらや』の美しいお雛様のお菓子を並べて華やかに致します。

雛あられやお菱も上げてお飾りしますと、お台がいっぱいになります。

戦後自分で求めましたお内裏雛のお雛様がございます。きらきら光る王冠をかぶったお雛様は誠に立派なお顔でございました。当時、三千円で買い求めましてございます。「一緒に三人官女も」と思いましても自分の手持ちではとても求められませず、翌年に買うことに致したところ、小柄で綺麗なお雛様に似合います三人官女はもう見つけることができませんでした。しかたなく、少し大き目のをちょっと不釣り合いながらお雛様のお供に致しました。

金屏風や桜橘、空箱を重ねて赤い毛氈（敷物用の毛織物）を敷いた雛壇の五人囃子《ばやし》も、一揃えではなく御所人形で代用致し、持ち合わせの小さなお人形をケースから出して前に並べました。

五十余年、一度も欠かさず三月初めに飾って、候所のお雛様と同じようにお菱や雛あられ、『とらや』のお雛菓子などいろいろ供えて、一年間無事にお勤めを見守ってくれました雛人形に心から御礼を申しますお雛祭でございます。

昭和の中頃、皇后様からお人形をいただかせていただきました。当時、上席の内掌典三上様にはお能「羽衣」の美しいお人形、次席の今大路様と私には市松人形を、お手元の美しい友禅模様のお羽二重のお布を付けて思し召しにて賜りました。夢のようなありがたいことでございました。

早速にお人形の着物をお仕立てあそばしましたことがおありあそばします由にて、今大路様に仕立て方を教えていただきました。手持ちの赤羽二重を長襦袢《じゆばん》にして、いただきましたお布で袷《あわせ》の振り袖に仕立て、帯地は店に売られていました織物の赤い端布《はぎれ》を求めました。でき上がりました市松様は、私のかけがえのございませぬ宝物でございます。

岩波掌典の奥様が和紙でおこしらえあそばしました美しい立雛様をお張り付けあそばしました立派な御色紙や、滋賀県大津高女の同窓にて有名な画家小倉遊亀《おぐらゆき》先生の桃ではなく梅の絵の色紙も添えさせていただきました。

若いお方々も初めは何もございませんのを、色紙でお雛様を折り、小さなお内裏様を求めましたり、持ち合わせの可愛いお人形を持ち寄り、赤い布を箱の上に敷いて思い思いに楽しみましてございます。

お昼には雑仕が心を込めてこしらえました「おすもじ（お寿司）」と蛤《はまぐり》のお汁、お清所《きよどこ》でこしらえた自家製の桜餅、お雛様にちなんで美しく盛りつけたお料理や、美しい色目のお菓子などこしらえていただき、楽しい美味しいお雛様のお膳を囲みます。お白酒も少々いただいて賑やかに、生雛様は大満足の雛祭のお昼でございます。

夕食後、御殿の御用も終わり、内掌典、雑仕一同集まって、各々が趣向を凝らしましたお雛様を拝見に順々にお部屋廻りを致しますのも楽しゅうございます。お雛様らしいお人形でなくても、趣向を凝らした細工のお雛様が面白く、皆々楽しんで心交わしましてございます。

復興雛さんのこと

いまは雑仕の部屋にありますお雛様は、大正十年ごろお勤めあそばしました掌典補がこしらえました、とても面白いお姿のお雛様でございます。御神饌《ごしんせん》でお使いあそばします薄い折櫃の古くなりましたものを、その折櫃の板をくり抜いてお顔と胴にし、御用で使います五色のお絹の端布を重ねた衿《えり》だけのお召し物を着せ、丸くくられたお顔は、大きなお目をウインクさせた親王様とお雛様が五組の愉快なお雛様でございます。「復興雛」と申します。五十数年前、私が上がりましてしばらくは私の部屋に飾らせていただきましたお雛様でございます。

それは関東大震災の時、復興に人々が立ち上がった大正十三年にこしらえましたものにて、「復興雛」と名づけられたと伺いました。いまでは雑仕候所の主役のお雛様でございます。八十年間、毎年お飾り致し、内掌典も雑仕もともにこのお雛様と心通わせ、私どもを守ってくださる宝物でございます。

五月五日端午のお節句

女性ばかりでございましても、美味しいものをいただきますことは何よりの楽しみでございます。雑仕がお清所で腕を振るってこしらえた柏餅や、のり巻きなど、お祝いのお料理を楽しみます。

柏餅は、柏の葉を買ってきまして、上新粉をこねて蒸し、皮をこしらえて餡を入れ、時には甘いお味噌も入れて柏の葉で包みます。少々皮が分厚い時もありますのも、また手製の温もりがございます。雑仕の心こもります柏餅でございます。

また、端午のお節句に必ずいただきますのが「ちまき」でございます。

ちまきには羊羹ちまき、水仙ちまき、ういろちまきなどがあり、端午のお節句の何よりの楽しみでございました。

羊羹ちまきは小倉餡で、お羊羹ながら普通のものとは異なった風味豊かな柔らかなちまき。水仙ちまきは葛製で、何ともたとえられませぬ甘い美味しさが口の中を通りすぎてゆきます。ういろちまきは少し歯ごたえがあって、黒砂糖の色と味にて特有のお味を満喫します。本当に美味しいちまきにて大好きでございました。

菖蒲《しょうぶ》湯のこと

五月五日の夕食後には、お風呂に菖蒲を入れて、一同順次に菖蒲湯に入ります。菖蒲は、束ねて根元を左手で持ち、右手でその一本を右手前からぐるりと回して後ろから右手前にして、端先を一廻りした葉の下から上に通して止めますと、束ね結べます。

菖蒲湯のお風呂に先に入ります時には、他の内掌典に、「お先に菖蒲のお湯をいただきます」と申し上げ、終わってお湯上がりには、「お湯をお先でございました。菖蒲のお湯をいただきまして恐れ入りました。ありがとうございました」と、お互いに挨拶を交わします。

第七章

六月からの御用

大祓《おおはらい》

六月三十日は、宮中の大祓のお祓い式が行われます。御所で行われます「節折《よおり》（竹枝で行われるお祓いの行事）」、また、神嘉殿《しんかでん》前庭で執り行われます「大祓（皇族をはじめ、国民のために行われますお祓いの行事）」の御儀は、掌典長はじめ掌典職のお方が御奉仕にて行われます。昔ながらの尊いお祓いの御儀でございます。

内掌典《ないしょうてん》はこの大祓いには関係ございませんが、午後三時から神嘉殿前庭で行われます大祓いのお儀式の中で、行事が進み、掌典がひたすらに大祓いの大祓詞を奏上されます朗々とされましたお声が御拝《ごはい》廊下まで聞こえ伺います時、自ずから身の清められます思いがいっぱいになりますほどに心の底に響き渡りましてございます。

参列のお方様のお祓いを終えられて後、神嘉殿の広い前庭の静寂の中で掌典補が各々にお祓いの御物を捧持《ほうじ》して、一列に同じ間隔を置いてお進みあそばします。浅沓《あさぐつ》（あさいこしらえの木製靴。足の甲部分に綿入れの白い平絹を挿し込み、底には靴敷きを張る）の音の格調も高く歩調を揃え、神嘉門に向けて退出されますお行列は、言葉に尽くせませず清らかで絵のように美しゅうございます。

神様にお仕えされます掌典補によって、一切の罪穢《けが》れをお箱にこめられ、白布に包み、大川に流してお祓いの神様にお託し申し上げますのでございましょうか。すべてが祓い清められます尊い日本古来の儀礼でございます。

時には雨の日の大祓いに、大きい傘をさしかけて粛々として退出の行列を進まれる掌典補の姿の、穢れのない清々しさが身に沁みてまいります。

水無月《みなづき》の御用

内掌典は六月三十日に、水無月の御用をさせていただきます。まずは日々の御用、毎朝の御神饌《ごしんせん》をおすべし申し上げて後、上席の人その次一名により、御内陣《ごないじん》のお掃除を申し上げます。

その間に、他の内掌典はお清流しにて水無月の御神饌をお清めします。

新しい御素櫃《おすびつ》に御盃、鳥の子の代わりに「みなづき」（後述）を入れ、切り昆布四枚と、水無月に限って「かます」の干物と水無月のお野菜を整え、お清め致しまして御素櫃に入れます。

午前十時過ぎ、御前に水無月の御神饌を供じます。一つひとつ御披露申し上げ、御《お》鈴《すず》を上げましてございます。皇霊殿《こうれいでん》にもご同様に供ぜられまして後、御神饌をおすべし申し上げます。

お片づけ致して後、一月元旦から六月三十日朝の御神饌をお清めまでにお使いしました御素櫃と麻の布巾、お手水《てみず》のお手拭を今日限りで使い切ります。水無月御神饌を入れました新しい御素櫃と、新しく仕度のできました麻の布巾、お手水の麻のお手拭に取り替えて水無月より使います。賢所《けんしょ》の水無月払いでございます。

「みなづき」は、小麦粉などでできました直径七〜八センチの薄いお餅に、無糖の小豆餡を載せましたものを申します。

また別に、水無月のお野菜は白瓜、真桑瓜、なすでございます。お清流しでお水をかけて清め、お清流しのまな板の上で真ん中を一寸の長さに輪切りにして二切れずつ積み、さらにお水をかけて清めます。直径五センチぐらいのお品を揃えます。

また別に、水無月の白瓜、真桑瓜、なす一切れずつを重ね、その上に水無月をお一つお載せして、十三センチぐらいの立方の折櫃にお入れ致し、龍脚台に載せて夕方七時ごろお月様にお供え致します。

毎日お夕けの御用で御殿に上がります七時過ぎ、賢所の西御門口《おかどぐち》の御縁の角に、御高欄によせておき、お月様の方を向いて座し、手を合わせ、「相変わりませず当年も六月三十日水無月に白瓜、真桑瓜、茄子をお積み申し上げ、その上に『みなづき』をお載せ致しましてお供え申し上げます」と御披露申し上げますが、長い年月、毎年お供え致しましても満月の時はございませず、雲の中のお月様にて見上げたことはございません。けれどもお月様は高い天空から御覧いただきますことと存じまして、いつも相変わりませぬお場所でお供えします。

夜中までそのままにして、翌朝御殿に上がりました人がおすべし申し上げます。遠い昔から伝えられました内掌典の大事な水無月の行事でございます。

終戦直後には、大須賀掌典補が千葉まで足を運び、広い畑地を探し回り、やっとみつけた瓜畑に真桑瓜を見つけて、畑の地主に頼んで数年、お陰さまで水無月の御神饌を上げることができました。

以来、真桑瓜の種子を皇居内庭園で大切に保存して、専門の職員が水無月のために毎年栽培してございます。六月三十日にはいまだ実るまでにはならずとも、御神饌に上げますことができ、陰の知られませぬ努力によってこそお陰さままで変わりませぬ伝統が守られてございます。

おすべりの「みなづき」は二つ折りの半紙にその一つを載せ、無糖の餡の上に白砂糖をかけて半紙ごと半分に折り、お砂糖を半紙の上から押さえてなじませます。そのまま両手に戴いて御殿に向かい、お礼を申し上げまして、半紙の半折を広げていただきます。

素朴なお味が大変美味しゅうございます。相変わりませず今年もまたいただきましたことは、今日まで無事に御用を勤めさせていただきました感謝でございまして、ありがたく押し戴きましてございます。雑仕《ざっし》も同じようにお礼を申し上げていただき、大祓いのお大役お済みあそばしました掌典長はじめ皆様にも「みなづき」にお砂糖をかけて半紙に載せて差し上げます。一年に一度の行事でございます。

御所ではみなづきを、小戴《こいただき》と申し上げます由にて、おめでたい時のお祝いに御前に上がるそうでございます。

七夕

昭和五十年ごろ、皇居のお庭を管理します大道庭園にお願い致しまして七夕を飾る竹をいただき、短冊に「無事にお勤めできますように」とか、「幸せに過ごせますように」等々、思いのままをしたため、あるいは、子供の時の懐かしい折り紙を糸につけて吊るし、賑やかに飾りましたのも楽しゅうございました思い出でございます。

皇后様から毎年、小さな竹の七夕飾りと、綺麗な可愛い七夕様にちなんだ和三盆のお菓子を思し召しさんでいただかせていただきましてございます。高さ三十センチぐらいの小さな竹の七夕飾りには、女官さんの手作りでございましょうか、笹に似合った小さな折り紙が飾られてございました。

和三盆のお菓子に添えられました陶器の小さなお皿に、七色の可愛いお菓子をお盛りして七夕様のお笹とともに、夕方、候所《こうしょ》東側の櫺子窓《れんじ》（縦または横に一定の間隔を置いて取り付けた格子）にお飾り致しながら、皇后様のお優しい思し召しを言葉に尽くせませぬほどにありがたくいただかせていただきました。

食事には雑仕が七夕にちなんだお料理をこしらえてくださるのも楽しゅうございます。おそうめんを天の川に見立てて、お卵でお星様をこしらえたり、若い雑仕の心こもりましたお料理が本当に楽しく美味しゅうございました。

昭和の時代、私が上がりましたころには、晴れた日の夕べ、お風入れで御殿に伺候《しこう》致します時、大空の東西に渡って仄《ほの》白く帯のような流れが見えました。「あれが天の川ですよ」と教えていただき、「かささ（かささぎ）の橋を渡りましょう～」と、織姫様と牽牛様の懐かしい童謡を思い出して、童心に返る七夕の夜でございました。けれどもいまはもう見えなくなりました。

お風入れ

毎朝起きると真っ先に、御殿のお正面御扉をお開けして、日没とともに御扉をお閉め申し上げ、御外陣《おげじん》お両横の御格子《みこし》を当直の掌典職のお方とともに下ろし、御外陣御門口をお閉め申し上げます。

春になりだんだんと日没が遅くなります時間に合わせて、お閉め申し上げる時間は六時〜七時になり、夏は八時に御格子を下ろしまして御殿をお閉め申し上げます。

梅雨も明けて暑さに向かいます時から九月秋分の日ぐらいまでは、御三殿ともに八時まで御格子を上げ、御扉も開けたままにて、御外陣の御格子内側のお障子《しょうじ》、また、御門口もお開けしまして御格子までお風入れ申し上げます。

夕食終わって六時半過ぎごろ御殿に上がり、賢所、皇霊殿のお障子をお開け申し上げまして、御高欄を背にして賢所西御門口外の御縁に正座して伺候致します。

その時には、お畳に白麻の縁が両端に付きました約五十センチ四方のござを敷いて座らせていただきます。

賢所には御燈《ごとう》の御火が上がってございますので、お閉めしたままでございますと御燈心の小さな御火ながら熱がおこもりあそばしますので、夏の間は御殿のお内が少しでもお涼しいようにお障子もお開けして、外の空気をお入れ替えのためお風入れを致します。

伺候の時、時たま吹く涼風を感じますと、神様もお涼しゅうございます御事と存じ上げます。

百年過ぎましても、いまも来る年毎に同じようにお風入れを申し上げましてございます。

時には夕暮れを惜しむように「かなかな蟬」の声も聞くほどに、だんだんと日が暮れて木々の影が黒く見えます時、蚊もお供して寄ってきます。静かな御神域の向こうには南の空がいくらか明るくて、三十六階の霞が関ビルのライトが赤く浮き上がり、また時には緑や青色に変わりながら、近代的な夜の轟音の中にそびえて輝いて見えます。

七月になりますと、黒い木々の間から覗く東の空に光が射して、丸い大きなお月様が金色に輝きながら天空に上り、やがてだんだんと小さく光りながら頭上に移りゆく様を見ることがあります。一点の曇りもない月光をただ仰ぎ見る心の静けさ、時に雲の流れを追いながら、また、何もない曇り空に木々の黒い影が兎や犬など動物の姿に見えたりするのも面白うございます。

一人静かに物思いにふける沈思黙考の日もあれば、内掌典同士でいろいろの思いを交わしてなごやかで賑やかな時もあり、御殿で神様のお側に伺候します夏の夜の一時でございます。

御殿の蚊

夏の間は夜八時まで、御殿はお両横のお障子も御門口も開けてございます。御殿に上がります時、内掌典を悩ますのが蚊でございます。

お風入れで御縁に伺候の時、また、御内陣でお夕けの御用の時、顔のあたり、手の周りを「ブーン」というあの嫌な羽音をうならせながら舞う宿敵の蚊。御燈の御火に寄ってくるのでございましょうか。そっと頭を振り、腕でよけても退きませず、刺されてかゆくなります。叩き潰すこともできませず、蚊は世の中で一番憎いものでございます。

御格子

夏、八時になり御格子を下ろす時は、お紋付のお提灯を雑仕が掲げて、その明るさで当直の掌典職の方が「御格子棒」で、御格子を上に押し上げます瞬間に、御格子を支えていますお留鍵を内掌典二人が「御格子棒」で手前によけて御格子を下ろします。毎朝、御三殿のお内より御鍵を外しておきますと、掌典職の方が二つのお吊鍵を揺らし、振り子の等時性を利用して同時にお吊鍵が手前に振れました時、「御格子棒」を使って御格子を上に上げますと「がちゃん」とお吊鍵がかかって、御格子が直角に上に留まります。

御三殿の御殿外の御縁お天井から下がってございますお吊鍵は、百年余の毎日、朝夕に振りましてもお外れになったことはございません。

十五夜

九月は中秋《ちゆうしゆう》の名月（十五夜）のお祝いを致します。

当日は朝からお清所《きよどこ》で雑仕が上新粉のお団子を十五個こしらえて、お野菜お果物を御三方《おさんぼう》にお盛りして、候所東側御拝廊下のお窓に寄せて机の上に置き、お月様にお供え致します。

お団子は脚付きの陶器のお皿に盛り、さつま芋、里芋、枝豆、栗など揃えておきまして、当日、お清所で茹でて仕度。梨、りんご、柿、ぶどう等々、お清所でお水をかけて清め揃え、その上に茹で卵十五個、バナナ、いちじく等、内掌典がいただきたい好みの品々もお清所で用意してもらいまして、御三方いっぱいに盛りあわせます。

すすきは、すぐ近くの生物学御研究所の奥庭からいただいてお供え致します。

その他に、御九献《おっこん》やあり合わせのワイン、また、お菓子などもお添えして、東の空に昇るお月様にお供え致します。

午後八時ごろ内掌典、雑仕も揃いまして、お手水して、御拝廊下に座って東の空に昇りましたお月様にお辞儀を致します。

「今年も相変わりませず今月の満月にお団子十五個をはじめ種々の御品を取り揃えまして御三方にお盛りしてお供え申し上げ、此方《こなた》でお月見をさせていただきまして、ありがとうございます。どうぞ今年もまた無事に御用をお勤めさせていただきますようによろしゅうお願い申し上げましてございます。また明年も相変わりませず此方にて十五夜さんをお迎えさせていただきますように、よろしゅう申し上げましてございます」

と、お月様に向かって手を合わせて、心からお辞儀申し上げましてございます。

お月様に、「今日はこれにておすべし申し上げます」と申し上げ、当直の掌典さん、掌典補、出仕さんにもお団子をはじめ適当にそれぞれお台に載せておすべりを差し上げましてございます。

内掌典もまた、「御格子」の御用申し入れて後、候所で改めておすべりのお団子にお砂糖をつけていただきますのも、美味しくて賑やかに楽しゅうございます。

お月様のお供えのために朝からお清所で仕度してもらいました雑仕にも、おすべりの品々をお福分けして、ともにお月見の宴を楽しみましてございます。

候所の東、綾綺殿《りょうきでん》の向こうに、黒々と横たわる木々の間よりきらきら輝く光がだんだんと上りつつ、丸く大きな望月が梢《こずえ》を越してなお天空に上り、ゆるやかな綾綺殿のお屋根を前景にして、雲なき空に浮かぶ金色の月の美しさはたとえようもございませず、月に住む兎の姿さえ見えるようでございます。兎が福をもたらすとか申します。

御殿に上がり、御高欄御縁から見上げます月の清らかに照る姿に、唯々《ただただ》静かに手を合わせましてございます。雲が空を覆う日も、移り過ぎゆく雲間より消えては光射る光の彩り、時折大きく開いた雲間より満月の現れる面白さは飽きることもございませず、折々の名月を楽しむ至福の夜でございます。

十五夜の翌日には、少し遅れてためらいながら出る十六夜の月を愛で、また次の日、さらに遅く出る立待月《たちまちづき》も風情があります。晴れの夕空を願いながら待つ中秋の名月に心清められましてございます。

平成十三年の中秋の名月の夜でございました。

夜九時過ぎ、御殿の御用を終えて候所に戻ります途上、お月様のあまりの美しさに誘われて、御三殿の東側、神殿《しんでん》様のお横の後方よりお月様を眺めおりました。そこにちょうど、お退《ひ》け（その日の最後）の巡回でお通りあそばしました前田掌典様にお会いしました。

吉田悦子内掌典、お外廻り巡回の掌典補も加えた四人で、一点の雲もない空にお月様が静かに輝く名月を愛でますうち、「このような美しい名月を今日御殿から望ませていただきましたのを最高の思い出に致します」と前田掌典様がおっしゃいました。お立派な掌典様で心から敬慕申し上げておりましたのに、やがて賢所をお離れあそばします前田掌典様の白衣白袴《ばかま》の感慨深げなお姿。いかばかり無量のそのお心に、私も感極まりました。前田様の深いお思いにお報い申し上げたいと思い、おすべりの御九献と御盃《ごはい》土器を持ち出し、四人でともに御九献を注ぎ交わし、思い深くお月見の盃を上げさせていただきました。

前田掌典様は、加賀百万石のお殿様から続くお家柄。お立派なお庭の池に月影が浮かびます高楼のお月見の宴に、悦楽のお心豊かに愛であそばします御事と存じ上げながら、それよりもなお、「尊い御殿のお側で御盃をいただきました満月の日の幸せ、何にも代えがたいお月見の宴をいただいた感激は忘れません、ありがとうございます。ああ美しい月……」と、天空を御覧あそばし、御盃を押し戴きあそばしますお姿をお見上げ申し上げながら、私も涙がでるほどに胸を熱く致しました。一生忘れられませぬ、平成十三年中秋の十五夜の月となりました。

前田様のお姿はそのまま清らかな神様でおいであそばしまして、なお威厳に満ちた百万石のお殿様の御温容でございました。

十三夜

十五夜の翌日は、前の日より少し遅れてためらって出ることから十六夜《いざよい》と申し、さらに翌日の十七日には「立って待っているうちに上る月」にて立待月、十八日になりますと出るのがやや遅く「座って待つ」ところから居待月《いまちづき》、さらに、十九日の晩は「寝て待つ」寝待月《ねまちづき》、二十日は「更にもっと遅れる」更待月《さらまちづき》などと教えていただきました。

更待月が過ぎて幾日か経つころ、御殿から望む西の空に細く美しい三日月が見え、日々次第に太りながら東の空に移ってなおさらに輝きます上弦の月は、夜空を照らしつつ望月となります。そして十五夜から一カ月が過ぎた十三夜の夜、十五夜のお月様にお供え申し上げましたのと同じように、お芋、枝豆、栗やお果物等々、御三方に山盛りにしてお供え申し上げます。お団子は十三個にて、すすきを添えて、十三夜のお月見を楽しみます。

内掌典、雑仕もともにお手水してお畳廊下に座り、お月様に申し上げます。

「十五夜に続きまして今日は十三夜のお月様にお団子十三（個）とお野菜、お果物を御三方にいっぱいお盛りしてお供え申し上げます。今年も無事に十五夜に続き十三夜さんを迎えさせていただきましてありがとうございました。どうか今年も御用を無事に勤めさせていただきますようによろしゅうお願い申し上げます。なお、明年もまた此方で中秋の満月をお迎え致しまして、相変わりませずお供えさせていただきますように何もよろしゅう申し上げましてございます」

と、申し上げます。若い時、上のお方様から教えていただきました御口上でございます。

中秋の名月は東の空に大きく金色に輝き、だんだんと天空に上りながら小さく白い光に変わってゆきます。晴れの澄みきった夜空だけではございませず、雲隠れしながら望む月もまたそれぞれに風情豊かに美しく、高欄から御殿のお屋根の外は遮るものは何もない、天上の月を拝むことができます内掌典の得がたい幸せをつくづくと思いましてございます。

お火鉢のこと

立冬《りっとう》（十一月八日ごろ）より衣服を冬仕度に替え、大きいお火鉢にも御火を入れます。

昭和の中ごろまでは、暖房はお火鉢だけでございました。いまも使います小さな真鍮《しんちゅう》のお火鉢に加えて、銅製の鬼面脚付きの大きなお火鉢にも御火が入りますと、赤いお炭火の匂いがたとえようもなく暖かさを誘い、冬の訪れを感じます時でもございました。

現在は、暖房がございますので、平常は小さなお火鉢だけを使います。毎日お火鉢の管理は雑仕の役目にて、御火を入れ、お炭を足して鉄瓶をかけ、留火を致します。けれども立冬の日やお正月のお祝膳《いわいぜん》の時、また必要に応じて、鬼面の脚付きの大きなお火鉢にお炭を入れまして、昔と同じようにいまもそのおしきたりを守っております。

雑仕がお清所で御火を熾《おこ》して、お炭火を十能（炭火を入れて運んだりするための柄のついた道具。下に木の厚い台がついており「おだいじゅう」とも言う）に入れて、御火の用心よくよく気をつけて候所に持参、お火鉢に移します。

お火鉢のお炭火を扱うことさえ存じません若い人が多い中で、候所では雑仕がお勤めします昔ながらのいろいろの体験が、その人の豊かな知識となって自信となり、ひいては自然に人格が高められてゆきますことを信じ、また、心から願うことでございます。

初めは馴れませんので、真っ赤に燃えたお炭火をお火箸で挟み損なって畳の上に落として焦がしてしまうことが度々にて、黒く焦げた畳に自分の失敗を恥じながらだんだんと心得て成長してゆきますのが嬉しゅうございました。

お火鉢を置きますと畳にお炭火がはねましたり、また、不調法がございましたり致しますので、畳と同じ高麗縁の一畳のござを二枚並べて敷いています。

私が上がりましたころ、寒い日々、毎朝雑仕は候所のお掃除を済ませた後、大小のお火鉢の二つに加えてお台子《だいす》にも御火を入れて候所を暖め、また、お昼の食事の時、夕方にもその都度御火の様子を拝見にまいりました。その間に御火が小さくなりますと、候所にいます内掌典がお炭を継ぎ足し、一日中お炭火の暖かさで候所の冬を過ごしました。

現代の暖房のようにはまいりませず、皆様ご一緒に輪になってお火鉢に寄り添い、肩をつき合わせて両手をお火にかざして暖めましてございます。それでも、御殿の御用から戻りまして冷えた身体は、候所の暖かさに生き返ったような思いでございました。肩をつけて寄り合いますと、また、お互いの柔らかな温もりが伝わるものでございます。

お火鉢にはお裁縫の鏝《こて》が挿してございました。午後から御用のない時には候所でそれぞれに着物や「ひよ」を仕立てます。縫い目に「きせ(縫い目を折る際に、縫い目よりやや奥で折り返して縫い目を隠す処理法)」をかけて押さえます時の必需品で、鏝をお火鉢の灰に挿しておき、熱々にして使います。

熱くなった鏝を使って着物を仕立てました時の手に伝わる温もりが、いまも記憶に残ります。いまは使うこともない私の大切な鏝は、静かに手元に残ります思い出の品となりました。

私が若いころ、候所で夜休みますちょっと前に、一番若い人が大きいお火鉢の残り火を小さいお火鉢に移して後、すっかり灰をかけて後始末をしますのが役目でございました。もう火力もなくなり、赤いお羊羹のようになったお火種を真ん中に寄せて、燠掻《おきかき》（「おっかき」とも。赤くおこった炭火をかきよせるための銅製の道具）で灰をかけます。私はその温もりが大好きでございました。

上のお方様がもうお休みあそばしまして電気も消えました中で、枕元のお火鉢を一人で抱きかかえるようにうずくまり、両手を真ん中にかざしてますと、そのほんのりと柔らかな暖かさが手を通して身体全体にまわって心地よく、そのまま眠りに誘われることもございました。いつしか夢の中になりました時、力の抜けた手がまだ熱い五徳（炭火などの上に置き、鉄瓶などをかける脚のついた輪形の器具）の上に落ちてびっくりして目を覚まし、上座に先にお休みあそばします上のお方様に気づかれませぬよう暖まりました身体をそっと夜具に忍ばせた日も度々ございました。時にはお隣のお方様が何か気配でお目をお覚ましあそばして、「まだ起きていましたの？　風邪を引きますよ、早くおやすみなさいね」とおっしゃっていただきましたこともございました。

ひたすら御用を勤めさせていただきました私の唯一解放されたひと時。あの温もりが懐かしく身体の中に残ってございます。

お台子

候所の東隅にはお台子（茶の湯で使う四本柱の棚。お風炉、お釜、お水指し、柄杓立てを置き、棚の上にはお茶碗やお茶入れなどを飾る）がございます。このお台子は明治天皇様が東京遷都の時、賢所様のお供で京都からお移りあそばしました内掌典の大先輩のお方様が、候所のお調度品として京都から持参あそばしましたお台子で、おそらく明治以前から百年以上お使いあそばしましたお品でございます。

普通のお茶室のお台子よりずっと大きく、高さ九十センチ、幅四十センチぐらいで黒塗り、四本柱は細くてもしっかりと棚を支えて、お台の下にはお台子に相応しい大きく立派な銅製のお風炉、お釜、お水指し、柄杓立て、建水も備えられた見事なお品でございます。

蓋置きは、毎年の新嘗祭《にいなめさい》にお使いあそばします青竹の不要の節のところを掌典補に直して（切って）もらい、一年中使わせていただきましてございます。

雑仕がこのお台子のお火守りでございまして、最近までは毎日御火が絶えませぬよう様子を窺い、お炭を足し、常にお湯が沸いてございました。

重いお水指しにも毎朝満水して、建水の中も常に綺麗に清めてございます。

夜は残り火にお炭を入れてすっかり灰をかけておきますと、朝には真っ赤な御火になってございます。お火鉢にもその御火を分けますと、毎朝新しく熾さずにすみ、お火継ぎができます。

御用が終わりまして皆揃ってお間《あいだ》（間食）をいただきますのもこのお釜のおかげで、お新座さんが亭主役にて釜元に座り、上手にお茶を入れますのも修行の一つでございました。

お風炉の御火を絶やさずお湯を常にいっぱいにして沸かしておきますのは、御殿の非常の場合への備えでございます。緊急に潔斎《けっさい》の必要の場合に、このお釜のお湯をお清め（潔斎）にお使いすることがございました。ガスのない時代は、薪で御火を熾してお湯を沸かすため、お湯にかかりますまで時間がかかります。そこで、非常の時、すぐに役立ちます大事なお湯でございました。

いまは栓をひねればお湯が出て、ガスでもすぐにお湯を沸かすことができます。ポットのお湯でお茶をいただくようになり、お釜のお湯でお茶をいただくこともなくなりました。

お釜の内も茶色の錆びが出て、お水指しの内も緑青さえ見ました。ある時、お正月に裏千家の初釜に招かれました折に、お心よくあそばしていただいた先生にお手入れの方法をお尋ねしましたら、「それはお手入れができていないからです。惜しいことです」と、誠にそのとおりで責任を感じました。

高島屋に依頼して南部鉄の専門のところで再生を願ったのでございますが、「あまりにも古く錆びすぎて、手をかけますとかえって底が壊れるかもしれないので、このまま大事に残されたほうがよい」とのこと。

いまはお風炉に御火も入れませず、お釜に松風の音も立ちませぬながら、このお台子は百余年の長い年月、星移り人替わります候所の歴史のすべてを知り尽くしてなお内掌典の憩いの候所をお護りいただきます神様でございます。

内掌典候所とともに厳然とお留まりいただきます大事で大切なお台子でございます。

お湯殿のこと

暖房が完備しますまでは、冬になりますと候所と仕舞所《しまいどこ》に早朝から雑仕がお火鉢を仕度し、雑仕の部屋も同じように終日お火鉢を入れます。お清所のお調理もすべてお炭火にて、毎日一俵は使われましたでしょうか。毎月三十俵の炭俵がお清所隣の炭小屋に納まり、高く積み重ねられてございました。

毎朝潔斎のお湯は電気やガスが普及しますまでは、お清所横別棟の建物（お湯釜さん）で直径五十センチぐらいの大きなお釜に、毎朝四時から省使さんが松の木の薪でお湯を沸かして、お手桶でお湯殿まで運んでもらいました。雨の日も風の日も変わりませず働いてくださった苦労は知っていても、私どもはその姿を直に見ることはございませんでした。

だんだんと便利になりまして、お湯は電気具で沸かすことになりました。夜休みます前、清いお風呂（人は入らずお湯を沸かすためのお風呂）に電気具を入れておきますと、朝お湯が沸いているようになりました。ところが、奈良法隆寺の壁画修復の時、漏電から火事になりましたことから、賢所でも天井を通して配電されている電気器具の使用が見直され、ガスの浴槽に変わりました。

清いお風呂にいっぱいの熱湯を沸かすため、雑仕は毎朝四時に起きてお風呂釜のガスに火をつけます。午前六時には火を消しますが、時に寝過ごしたり消し忘れたりしながら苦労なことでございました。

潔斎の仕度で雑仕がお湯のお加減をする時には、直径二十センチぐらい、柄も太く長さ一メートル以上もある大柄杓で大タライやお掛り桶に清いお風呂で沸いた熱湯を汲み上げて、お掛り桶と同じ大きさのお水桶の水を柄杓で足してほどよいお加減にしておきます。また、仕舞所前のお流しにある顔を清めますお湯桶《ゆとう》にも運び入れておきます。

うっかりしてガス栓を止め忘れ、湯船のお湯を沸騰させてしまい、その上にガラス窓を開けますのを忘れたままお風呂の蓋を取ります失敗が何度かございました。この失敗をすると、真っ白に熱い湯気が立ち上って充満し、天井の警報器が熱を感知して鳴り響き、数分もたちませぬうちに、皇宮警察のお方々が消防車よりホースを伸ばしながら、「火災場所はどこ！」と駆けつけます。その機敏さにびっくりしながらも、ただただ申し訳ございませず、事実をお話ししてお詫び申し上げることも幾度かございました。

ある年のお正月二日、御用のために午前四時に雑仕がお湯殿で内掌典潔斎のお湯のお加減をしました時、この失敗を致しました。平日と違って気持ちも焦っていたのでございましょう。お正月早々の失敗に自分自身びっくりし、来てくださった皇宮警察のお方々に涙流しながらお騒がせした詫びを申し上げました時、皇宮警察の方は「新年の出初式ですよ」と優しく慰めてくださいました。

後に候所に来られた庶務課長の掌典さんから、お正月早々の失敗にお叱りを受けて、三上様は深くお詫びを申し上げられました。

そのうちにだんだんと新しい機械ができて、お湯殿の中に大きな瞬間湯沸かし器を取り付けていただきました。それからはお風呂に水を入れて沸かすこともなくなり、湯船の蓋をしてその上にほどよい高さの台を置き、長い竹筒を載せて、竹筒に蛇口のお湯を受ける口をくり抜いて、大タライやお掛り桶にも熱いお湯を直接注げるようになりました。竹筒は皇居内竹林の竹を庭園係からいただき、こしらえていただきましたものでございます。

さらに現在は湯沸かし機がお湯殿の外に設置されて、栓をひねりますと適温のお湯をお掛り桶に直接溜めることができ、少しホースを足せば大タライにも自由にお清めのお湯が注げるようになりました。

日々の潔斎は薪で沸かしたお湯をかかってお清め致しますのが本来の姿でございます。しかし世の中すべてが新しく変わりゆきますのに従って最新の設備に変えていただきます幸せ、ありがたいことでございました。

その昔、暑い時も、雨や雪の日も、毎朝四時からお湯釜さんでお湯を沸かして湯殿に運んでくださった省使さんや、また、補充のお湯を何度となく足してもらいました部屋の人の苦労を、現在お勤めの人は知るよしもなく、栓をひねればお湯が出ますのが普通になりました。

お湯釜さんの二つ並んだ大きなかまどの一つは、御殿のおすべりのもったいない御品々のお焚き上げに使います。また、潔斎のお湯を沸かしたおかまは新嘗祭やいろいろお清いお湯が必要な時、また、お焚き上げの時に使いますお清いお場所でございます。東宮様が御祭に御拝あそばします時も、内掌典湯殿東隣の東宮便殿《でんでん》にございますお湯殿で必ずお清めあそばします。

今上陛下が東宮様であらせられます時、内掌典湯殿で沸かしました清いお湯をお手桶に入れて内舎人《うどねり》（陛下のお側の御用を担当する係）さんがお手桶で何度も運び、お清めのお湯のお仕度をあそばしましてございました。

そのお湯は、雑仕が内掌典湯殿の清いお湯舟から大柄杓で汲み上げて、お手桶にお入れ致しました。

元旦や元始祭《げんしさい》の御拝の時は、御祭の前に内掌典候所でお雑煮をお祝い致しますので、雑仕（または部屋の人）は奥（候所のこと）にて紋付の正装にて、時には振袖姿の晴れ着でお配膳のために候所に揃っています。その時、内舎人さんからお湯の仕度にてお声がかかりますと、急いでお湯殿にまいり、湯気のこもります中を素早く襷《たすき》をかけ、足袋《たび》を脱ぎ、着物の裾《すそ》をたぐり上げて一所懸命にお湯を入れさせていただきましてございます。

親御さんが持たせました正装が、湯気に濡れますのに心を痛めて声をかけました私の言葉に、「着物のことより、結構に東宮様がお召しあそばしますお湯を汲ませていただく御用をさせていただきまして、ただもうもったいのうございます」と、東宮様の御用をさせていただく幸せを噛みしめる若い人たちでございました。

いまでは東宮様のお湯殿も、栓をひねれば適温のお湯が出るようになりました。

冬至（十二月二十日ごろ）

冬至の前日までに、かぼちゃと柚子を雑仕が仕度しておきます。かぼちゃは「おかぼ」と申します。昔ながらに甘辛く煮まして、お昼または夕食の時のおまわりにいただきます。

夕方、お風呂に柚子を入れて柚子風呂をいただきます。柚子は二個ぐらいを輪切りに直して、四十センチぐらいのさらし木綿に包んでお風呂に浮かします。

最初は浮いています柚子が、入れ替わり立ち替わり入る人によってもみだされますと、柔らかくなってだんだんと沈みます。香り高いお湯にて暖まりながら、相変わりませず忙しい十二月の御用の中、落ち着いて冬至の気分を味わうひと時でございます。

また、柚子は、食べても美味しゅうございます。上部を輪切りにしてお砂糖を多めに入れ、底が破れないように気をつけながらお菜箸で静かにかきまぜます。柚子の実と袋と種子が少しずつ離れますのを丹念に取りながらおかきまぜますと、潰れた実とお砂糖だけのしっとりとした砂糖柚ができます。でき上がりますまで根気がいりますが、少しずつ口に入れますと誠に珍味でございます。

これは貞明《ていめい》皇后様（大正天皇の皇后）が、大変お好きさんであらせられました。冬至になると御膳係がおこしらえ申し上げまして供御に上りましたことを、今大路内掌典から教えていただきました。

お大黒《だいこく》様

甲子《きのえね》に当たる日は六十一日に一度廻ってきます。一年の中で最後の甲子の日にお大黒様を候所でお祀り致します。

お大黒様は内掌典候所のお護りの神様でございます。京都でもお公家さんのお家ではその昔から、甲子の日にお大黒様をお祀りあそばした記録を拝見したことがございます。内掌典もまた京都時代からのお続きのまま今日にいたったことでございます。

候所のお大黒様は高さ二センチぐらいの小さい金像で、恵比寿様と並んでおいであそばしますのがお二組ございます。

お社の形は多少違いましても、二つとも高さ十センチぐらい、お屋根の傾斜も美しく、お正面の御扉も開閉ができ、前にはお段もございます。昔、賢所にお仕えしました男のお方がおこしらえになったと伺いました。ずいぶんと昔のもののようで、檜作りが黒茶色に変わってございます。

ほかにもう一つ、木彫りの大黒様と恵比寿様が高さ十センチぐらいのお箱にお入りになってございます。

これは終戦後、昭和二十年過ぎごろ、川出掌典が出雲大社で求められたものです。それを川出掌典は、三上内掌典に、「出雲で四百円で買ってきましたけれど、これ買って！」と言って持っておいでになりましたお大黒様でございます。三上内掌典は、「あきれた川出さん！　買ってきた神様を売るなんて」とおっしゃりながらも、お互いに御懇意のお仲にて快くお受けになり、それから五十年過ぎたいまも、四百円のお大黒様は御二組の神様とともに内掌典候所を御守護の神様としておいであそばしましてございます。

二十センチ四方の龍脚台にご一緒にお載せ致しました三種のお大黒様は、常には候所廊下の棚の上に御扉をお閉めして置いてございます。お祀り申し上げます十一月または十二月の甲子の日には、御殿の御用が終わりましてから、候所東側お畳廊下にお出し申し上げ、内掌典皆でお館の埃をお水紙でお拭いしてお清め申し上げ、御扉をお開けして、龍脚台の上にお載せしましたままお日様に当てます。一緒に、御神饌をお載せします大きいお台、御燈芯の御火をお載せします龍脚台、大きい御三方二つも、候所東側御拝廊下の侍従お手水のお流しでお清めして日に干しておきます。

雑仕はお清所でお大黒様に供じます御神饌をこしらえます。大豆のご飯、おなます、おむら（鰯）の三つでございます。

大豆のご飯は朝から大豆を水に浸けておき、午後からフライパンで焦げ目のつくまで煎り、お米と一緒に少々のお塩味で炊いてこしらえます。

おなますは、おからもの（大根）と人参を別々に千切りし、三杯酢にてこしらえます。

おむらは生きのよいものを内掌典と雑仕の一人につき二尾ずつ求め、生のままお供えします。候所東側侍従さんのお手水の水道にてお水をかけてお清めの後、日々の御殿で御神饌のおすべりの御盃に二尾ずつ揃えておきます。

午後四時過ぎ、候所東側御拝廊下のお杉戸の隅三面をお屏風で囲い、その中に御三方を置き、その上に龍脚台のお大黒様をお載せし、御前にもう一つの御三方を並べ、二つ折りにして敷いた奉書の上に稲穂を供え、さらにその前に大きいお台（これもお大黒様と同じ時の、百年以上前のものと思います）を置きます。

おすべりの御盃を人数分だけ用意し、お豆のご飯とおなますを御盃につけます。

ご飯はふわりと格好よく盛り、おからものと人参のおなますを別々に二山になるように盛りつけます。

稲穂を載せた御三方の前の大きなお台に御盃に盛りましたお豆のご飯とおなます、おむらをお供えします。

別の龍脚台に御盃土器を置き、御燈土器を重ね、お油を入れて御燈芯を内掌典一人につき二本ずつならべ、マッチでお火を点けて御明りを上げます。お大黒様のお祀りの始まりでございます。

午後五時、夕食の時にはお大黒様の分をお初取りましたお豆のご飯とおなますを、他のおまわりとともにいただきます。

午後七時過ぎ、上席の人、お夕けの御用が終わり、内掌典全員揃いましたところで、侍従お手水で手と口を清め、一人ずつお大黒様の前に座し手を合わせ心の中で次のような御口上を申し上げながらお辞儀を致します。

「〇〇年〇〇月〇〇日、今日は今年おしまいの甲子の日でございまして、相変わりませずお豆のご飯おなますおむらの御神饌をお供え申し上げまして、お大黒様をお祀り申し上げます。今年もまたお護りいただきお福をいただきまして、お陰様で皆々無事に過ごさせていただきまして恐れ入りましてございます。ありがとうございました。御礼を申し上げます。これからもなおまた日々無事にて御用勤めさせていただきお福をいただきますように、よろしゅうお願い申し上げます。明年もまた相変わりませず、一年のおしまいの甲子の日にはお大黒様をお祀り申し上げますように、何もよろしゅう申し上げましてございます」と申し上げます。

ただし、まけの人はお辞儀をご遠慮申し上げます。

午後九時過ぎ、御神饌をおすべし申し上げ、お明りの御火も「おしめし（消す）」致しまして、御盃のご飯、おなますはありがとう御礼を申し上げていただかせていただきます。

まけの人はいただけませんので清くなりますまでおむらとともに取り置きしておきます。おむらは翌日のお昼の時にお塩焼きにしていただきます。

翌日、お大黒様を龍脚台にお載せしたまま再びお日様が当たる所に置き、お台や御三方などお清《す》ましてお明りのお油の始末もして、午後ほどよい時にお廊下の元の場所にお片づけ申し上げます。

御内陣のお煤《すす》払い（御三殿）

立冬前の十一月初旬までに御内陣の大掃除を申し上げます。

日々の御用が終わって後、内掌典一同大清《おおぎよ》にて、御内陣のお品々を御外陣にお移し申し上げ、お羽目（板を並べて張ったお壁）にお掛けしてございますお壁代（お羽目に掛けられた白羽二重のお幕）をお外し申し上げ、御高欄にかけて干し、お天井のお煤を御内陣用の長柄にて払い、お羽目とその上のお板目、または御床をお拭き申し上げます。

午後、お外ししたお壁代などを元にお戻し致しまして、おめでたく御内陣のお煤払いが終わります。

最近は掌典の方にもお手伝いをあそばしていただきます。

鎮魂祭《ちんこんさい》

新嘗祭前日、綾綺殿にて十一月二十二日夕、鎮魂祭が行われます。天鈿女命《あまのうずめのみこと》が天の岩戸の前で、宇気槽《うけぶね》（中が空洞の大きな器）を伏せてその上で矛を持って踊り、天照大神《あまてらすおおみかみ》が天の岩戸から再びおでましあそばしました神話に基づいて行われております御神事でございます。

綾綺殿内で掌典以下がご奉仕される鎮魂祭の合図を受けて若い内掌典一人が、綾綺殿の外に設けられましたお清いお囲いの内の宇気槽に登り、御用をさせていただきます。右手には日陰蔓《ひかげのかずら》（常緑樹多年草。蔓と葉は鮮やかな緑。大昔から御神事に用いられた）で飾られた矛を持ち、掌典補の扶持《ふじ》（助けること）を受けながら、ご奉仕致します。

御用を勤めさせていただきます内掌典は、午後、上のお方様のお世話で髪を「大すべらかし（おすべらかしの一番大きく正式な髪型）」に上げていただき、大清に着替え、「濃練《こきねり》（生糸のままをとび色に染めて撚《よ》らずに織ったツヤのある生地）」の小袖、袴、衣を着て、「おちゅう（長いかもじ。かもじは足し髪のこと）」を着けます。毎日の御殿の御用と同じことながら、鎮魂祭の尊い御大役を勤めさせていただきますゆえに身を清め、心を澄まして、他に何の心もなくひたすらに勤めさせていただきます。

御用を終わって候所に戻り、内掌典同士、お陰さまで結構に御用を勤めさせていただきましたお礼を申し上げ、また、御用御苦労様とお互いに心から挨拶を交わします。掌典、掌典補にも滞りなく勤め終えさせていただきましたお礼を申し上げて後、平常着に着替えて髪を直します。

新嘗祭

通常は「にいなめさい」と申しますが、賢所では「しんじょうさい」と申します。新嘗祭は十一月二十三日神嘉殿にて行われます。陛下が今年の新穀や白酒《しろき》黒酒《くろき》をはじめ、昔ながらの御神饌を天照大神様に供ぜられ、同時に御自らもお召し上がりあそばします、一年中で一番大事な夜の御祭でございます。

御上《おかみ》のお側で御用をお勤めあそばします女官さんを「采女《うねめ》」と申します。采女は、お袴の上から、青海波《せいがいは》（波型の模様）のお美しいお唐衣《からきぬ》の装い、お髪にはおすべらかしに特有のお美しいお飾りに日陰蔓をお付けあそばしまして、尊く、優雅なお姿にて御用をお勤めあそばします。

御所の女孺《にょじゅ》さん、雑仕、お髪上《ぐしあ》げの方々が、賢所「采女の間」に前日から来られて、お調度の品々を持参され、当日は午前中から女孺はじめお世話の方々が来られて、お仕度されます。

午後、御所から采女さんお四方がおいであそばし、お髪上げ、お仕舞をあそばし、そして、采女さんのためのお湯殿で潔斎をあそばしてお装束をお召しあそばします。

午後二時、掌典長以下の御奉仕にて三殿に御神饌が上がります。新嘗祭当日「大御《おおみ》饌供進《けきょうしん》の儀《ぎ》」が執り行われます。賢所様にお仕え申し上げます内掌典は、御三殿の御祭には御奉仕申し上げますが、神嘉殿で行われます新嘗祭に直接の御用はございません。

ただ、お大役仰せつけられました采女さんがお滞りなく、おめでたく御用を勤められますよう、賢所様に御祈念お願いあそばしますことを御所より伺い、毎朝の内掌典の御用が終わりまして後、賢所様御前によくよく申し上げて、御祈念の御鈴を上げましてございます。

午後六時前、お仕度がおできあそばしました采女さんにお大役お被りあそばしましたおめでたいお祝いと、お滞りなくおするするとお済みあそばしますように賢所様に御祈念申し上げましたことを申し上げ、御挨拶を申し上げましてございます。

やがて、掌典長はじめ掌典の方々は白いお装束で、お冠には日陰蔓を着けてお進みあそばします。続いて、陪膳《ばいぜん》、後取《しんどり》の采女お二方様、続いて後のお二方様がお美しいお姿にて神嘉殿にお進みあそばしましてございます。

午後六時、御上出御のお行列にて神嘉殿に成らせられ、東宮様もお続きあそばしまして、静まり返った浄暗に庭燎《ていりょう》が燃えて、殿内は御燈のお明りのみにて新嘗祭「夕の儀」がお始まりあそばします。

神楽歌のお楽のみ伺えて神代に通じます御祭が行われましてございます。

神様を神嘉殿にお出まし願い、今年の新穀をはじめ、御神饌を供ぜられます。少しお休みあそばしていただきまして後、午後十時過ぎより「暁の儀」がお始まりあそばします。「夕の儀」と御同様に再び御神饌を供ぜられまして、神様のお帰りまで御丁重におもてなしをあそばします。

日付けが変わって午前一時も大分過ぎたころ、新嘗祭も滞りなくお済みあそばします。御上入御、東宮様も便殿にお帰りあそばしまして後、采女さんも御退出。内掌典がお手燭《てしょく》にて御先導申し上げ、釆女の大役おめでたくお滞りなくおするするとお済みあそばしました御礼を賢所様にお申し入れあそばします。戻りまして、釆女の間にて白羽二重のお召し物にお召し替えの後、女嬬さん、雑仕、お髪上げの方々皆様で、お片づけの上、午前二時ごろ御所へお帰りあそばします。

皆様がお帰りあそばして後、内掌典は再び御殿に上がり、御三殿をお回り申し上げまして、賢所様の御火の御用心を申し上げます。

深夜、候所にて雑仕もともに、「今日一同お滞りなくお済みあそばしまして、それぞれにご苦労さんでございました」と挨拶して後、午前三時前ごろ就寝。

内掌典は新嘗祭について直接に御用はございませぬながら、一カ月前から大御饌殿《みけでん》でお仕度あそばします掌典職、皆様の白衣の姿は生々として、時には静かにただ黙々と、時には面白く楽しそうに、その明るい笑い声が内掌典候所まで聞こえてくることもございました。天岩戸の前にお集まりあそばした神様達の宴のようで内掌典も心浮き立ち、晴れやかに新嘗祭を迎えます。遠い昔のままの素朴な御神饌を、ひたすらにこしらえられます大御饌殿は活気に満ちて、穢れのない明るく清い御気を身に感じ、大御饌殿の前に立ち、白衣の掌典補方に心の中で手を合わせます私でございました。

また当日は、釆女さんをお迎え申し上げ、お仕度をあそばしまして、一日中、釆女の間に控えられます御所のお方様との温かい交流にて、日ごろよりなお一層、言葉では表せませぬお親しさを深めさせていただきます一時でございます。

誠に新嘗祭は、宮中祭祀《さいし》の中でももっとも重要な御祭でございますとともに、来る年毎に内掌典にとりましても一年中で一番お晴れの御祭でございます。

今年もまたおめでたくあそばしました新嘗祭に深い感慨を覚えながら、十二月から始まります賢所の年の初めのお仕度に深い思いをはせましてございます。

御殿のお煤払い

十二月になりますと賢所では新年を迎える準備に入ります。

十二月中旬（十五日ごろ）は賢所御神楽の御祭がございます。日付けは年内ながら、賢所では年の初めの御祭に当たると伺いました。賢所御神楽までに御殿の内もお障子のお張り替えなどを済ませ、新年の準備を整えます。

そして十二月三日には、お煤払いを申し上げます。お煤払いは「お手始め」とも申します。

前日から大御饌殿にて、長柄、脚立、お手桶、おはたき、箒、ちり取り、さらし木綿を裂いたお雑巾などお道具類を仕度します。

三日当日、仕度致しましたお道具類を御殿に持って上がり、毎朝の御用終了後、御内陣をお屏風でお囲い申し上げます。
午前十時ごろより、掌典長はじめ掌典と内掌典で、御三殿の御外陣お煤払いを申し上げます。掌典補は御縁のお天井を払い、御格子《みこし》の内も外も払って拭い、御床も丁寧に拭います。外の御縁の下は根洗いと申しまして、御床下のお柱のお煤を営繕係の方々が払い清めます。お煤払いを終了致しまして後、掌典長がお検知あそばします。順次に御殿の小口張りなど細かいお紙も皆張り替えられます。

明治天皇御製（明治三十七年）「煤払」

ちはやふる神のおましをはじめにて
今年の塵を払わせにけり

「神のおまし（おまし＝御殿のこと）」は、すなわち、神様がお祀りされています。宮中三殿《きゅうちゅうさんでん》のお煤払いが行われて後、御所の煤払いをあそばしますご様子の御製と伺いました。昔から変わりませぬ賢所と御所のおしきたりの尊さに深い感銘を受けましてございます。

候所のお煤払い

御三殿のお煤払いと同時に、候所のお畳のお取り替えとお障子のお張り替えが始まります。

二日夕食後、候所のお茶のお台子、テレビ、机などなどを候所外に出し、翌朝すぐに業者の方がお畳を持ち上げられますように仕度をしておきます。

三日は朝から内掌典玄関の間に移動しての食事で、夕方まで過ごします。

すっかり新しく替えていただきました畳表は、青く新しい特有の香りがして、また一年、高麗縁の青畳の上で過ごさせていただきます幸せをつくづくと思いましてございます。

高麗縁は白地に模様を黒く織り出した畳縁で、隣の畳と並びます時、縁の模様が必ず合うように致します。もっとも位が高く、昔から高貴なお方のお住まいにのみ使われた畳でございます。

業者のお方は、内掌典候所東側のお庭にお仕事の台を置き、畳をその上に載せて、新しい畳表と取り替えます。一針一針を両手で刺しながら肘で押さえて縫いつけていく昔ながらの手法で、両端に高麗縁の布を手際よく施され、新しい畳ができ上がります。

新しい畳を元の場所に戻された時、隣の畳の縁の模様ときちんと合わせますのは、大変難しい技術を要するそうでございます。熟練された伝統の技に頭が下がります。

綾綺殿、東宮便殿、また御拝廊下も、高麗縁のお畳が新しく替えられます。

三日は、お畳み替えと同時に、お障子もすべてお張り替えしていただきます。候所の二間お障子だけでも二十枚、畳廊下や続くお部屋の枚数は非常にたくさんで、普通より大きいのがほとんどでございます。すべて取り外して、外庭にて桟を拭い乾かし、張り替えられましたお障子を夕方にはまた元に納めていただきます。お部屋の中は白く明るくなり、候所は新しく清められた新居に変わります。

綾綺殿、東宮便殿、御拝廊下の櫺子《れんじ》窓、掌典さん、掌典補の候所のお障子も十二月初旬にはお張り替えが完了致します。

御三殿お煤払いの大掃除に始まります年の初めのお清めに続きまして、お畳替えやお障子のお張り替え、綾綺殿、東宮便殿、内掌典候所をはじめ賢所すべてその一年中の塵を払い、新しく替わります賢所のお手始め、お煤払いでございます。

十二月中旬賢所御神楽

十二月に入りましてから、御三殿お障子お張り替えやお煤払い申し上げ、御三殿お正面のお御簾《みす》のお取り替えを申し上げ、御幌《おとばり》やお壁代、お両横の御簾なども毎年になりませずとも順次にお取り替えがおできになりまして、御殿の内も新しい気に満ちてまいります。

やがて、御神楽当日。御神楽に御用の日陰蔓やお榊《さかき》をお清めして五色（青、赤、黄、白、黒の分厚い和紙）の鳥の子紙もお仕度致します。

毎朝の御用が終わりまして、すぐに御殿をお飾り申し上げます。お正面をはじめ、お両横の御簾に、芽先まで美しく伸び揃いましたお清め済みの日陰蔓をお付け申し上げ、お清め致しましたお榊に五色の鳥の子紙を一色ずつお裁目をお挟み申し上げて、御前をお飾り申し上げます。

午後二時過ぎ、火打石で御火をお出し致しまして、大御饌殿の金燭（脚の付いたぼんぼり）にお留火します。

午後四時、賢所御神楽の御祭お始まり。御神饌が上がり、掌典長御祝詞《おのりと》。陽も傾き始めるころ、掌典補はお留火の御火を金燭に移し、御殿御縁の角々要所に配置します。この御留火で庭燎が焚かれ、大きい御紋付のお提灯にも御火が点きます。厳かな御気がみなぎります中、午後五時、御上御拝。この時、上席の内掌典が御鈴を上げましてございます。

お続きあそばしまして皇后様御拝。東宮両殿下も御拝あそばしまして、参列の宮様方、参列のお方々の御参拝もお済みあそばし、御前庭は静かに暮れてゆきます。

午後六時ごろより、庭燎の燃えます神楽舎《かぐらしゃ》の内で、宮内庁楽部によりまして賢所御神楽の始まりでございます。

賢所御神楽は年に一度、賢所様（天照大神）御神霊をお慰め申し上げますため年新しくしてまず行われます、大昔から続きます皇室の大事な御祭でございます。

御殿内は当日までに新しく取り替えられ、御殿内は日陰蔓と五色の鳥の子紙をつけたお榊をお飾り申し上げた賢所様のお晴れの日の夜、神楽舎に高く時に低く御神楽の御音《おみおと》、御神楽の声も厳かに澄み、清い御火の明りが輝よう中を、人長《にんちょう》がお榊を持って舞い、御神霊をお慰め申し上げます時、賢所様の御光なおさらにお輝きあそばします御事と存じ上げます。

毎年のことにて、雲に覆われた暗闇の夜もございましたが、雨の賢所御神楽の記憶はございません。それよりも、幾度か一点の雲もなく青黒く静かな高い天空の御前庭の真上に白く煌々《こうこう》と照る満月を仰ぎ、また、雲間より月光現れやがて雲隠れする冬の月夜に御神楽の音冴えて、その神々しさは言葉に尽くすことができませず、この場に居合わせていただきます幸せをつくづく思いましてございます。

明治天皇御製〈御神楽〉

すめかみの広前照らす月かげに
神楽の声もすみまさりつつ

明治天皇様が御拝お済みあそばした御時の御製を、繰り返し拝見させていただきながら、感無量にてありがたいことでございます。

午前零時を過ぎまして、御神楽お済みあそばしまして後、御神饌おすべしになり、御神楽の御祭が終わります。

御殿内の日陰蔓などすべてお飾りをおすべし申し上げ、御前を常態にお取り替え申し上げまして後、内掌典相変わりませず「みこし（初の御用）」の御祈念を申し上げます。

御殿御縁より、庭燎の御火が消されますのを見届けまして候所へ戻り、内掌典一同、雑仕もともに挨拶を交わして後、就寝。午前二時過ぎでございます。

天長祭《てんちょうさい》

十二月二十三日の当日は午前五時起床し、日々の御祈念申し上げて後、続いて御上御誕辰《たんしん》につき御祈念申し上げます。

「尚々幾久《いくひさ》しく万々年までも御寿命御長久《ちょうきゅう》さんに御繁栄さんであらせられますように」

と、よくよく御祈念申し上げて御鈴を上げます。

天長祭お始まり、御神饌上がり、掌典長お祝詞。内掌典も袿袴《けいこ》着用にて御用。

午前十時、御上御拝。続いて東宮様御拝。御神饌をおすべし、天長祭終了。

十二月二十五日　大正天皇例祭

大正天皇例祭お始まり、皇霊殿に御神饌が上がり、掌典長お祝詞。

午前十時、御上御拝、続いて皇后様、東宮両殿下御拝、参列の宮様、諸員御参拝。

御神饌おすべしにて御祭終了。

昭和の御代には、当日夜、大正天皇様御神霊をお慰め申し上げますために、大正天皇御神楽の御祭がございました。午前中の大正天皇祭に続いて夜の御祭に両陛下（昭和天皇・皇后両陛下）、東宮両殿下（今上陛下皇后陛下）御拝あそばして御神楽が上がりましてございます。

現在は一月七日の昭和天皇祭に続き、夜は昭和天皇御神楽の御祭で御神楽が上がります。

十二月二十九日

賢所はもうお正月になり、四方御鏡餅《よものおかちん》が納まります。通称「四方《しほう》のお鏡」または「よも」と申し上げます。

一辺が四十センチ近い正方形、高さ六センチぐらいの紅白の大きなお餅で、紅のお餅は小豆のお汁に糯《もちごめ》を浸けてこしらえると伺っています。

紅のお餅も白いお餅も各々、蓋付きの立派な木のお箱いっぱいに入れられたまま、御殿御外陣奥に上げまして、早速に御披露申し上げます。

「平成〇〇年十二月二十九日、四方のお鏡を当年も例年のとおり相変わりませず紅白お取り揃え申し上げまして四方のお鏡をおめでとう供ぜられます。（中略）何もよろしゅう御披露申し上げます」

と、両陛下が御機嫌さんよう御寿命御長久さんであらせられましておめでとう供ぜられますことを、申し上げまして、なおまた相変わりませず明年もおめでとう供ぜられますよう申しそえて御披露申し上げます。

御披露申し上げます時は、お餅はまだおできたてで柔らかでございます。午後、硬さを見計らい、御外陣でお直し申し上げます。「お割き」申し上げますとも申します。

四方は、お箱の中でお角の綺麗な所を選び、半紙の二辺が十七センチぐらいの二等辺三角形のお型紙を当て、先に清めて御殿内に仕度致しました口細（お箸）を小桶の中で水に濡らしながらお餅に対角線のお印の線をつけ、その上を水に濡らした口細で真下に垂直に押し下げて、左右にゆっくりとお割き申し上げます。

お割き申し上げました紅と白のお餅は、別のお蓋の内側で割き目を素早く押し合わせ、紅白が対角線で分かれた四角い小さなお鏡餅をこしらえます。でき上がりました紅白のお鏡餅を奉書四枚を二枚ずつずらして正方形に広げ、その真ん中に置いて、しっかりと風呂敷包みにし、御神饌を入れます御素櫃に入れ置き、蓋をしておきます。

翌三十日、毎朝の御神饌とともに改めて供ぜられます。

賢所では「切る」とは申しませず、「直す」もしくは「割く」と申します。また、包丁は使いませず、口細でお割き申し上げます。お餅は「おかちん」と申しまして、

「紅白のおかちん」または「四方のおかちん」と申し上げます。

十二月三十日

三十日は、前日午後にお割き申し上げました四方のおかちんを奉書の包みから出し、毎朝の御神饌とともにお供え申し上げます。

「日々の御神饌相変わりませず御丁重に供ぜられます。お色目申し上げます。（中略）なおまた昨日御披露申し上げた四方のお鏡餅をお割き申し上げ、紅白お取り揃え申し上げまして、日々の御神饌に供ぜられます。お揃いあそばしまして、尚々御機嫌さんよう万々年までも幾久しゅう御寿命御長久さんであらせられまして、日々の御神饌と四方の御鏡を相変わりませず御丁重に供ぜられます。何もよろしゅう申し上げます」と御披露申し上げましてございます。

なお、午後からはお正月の御用のお仕度、お清めなど、皆々一同で致します。

十二月三十一日

三十一日は、毎朝の御代拝の後、御神饌をおすべし申し上げ、御内陣のお掃除を申し上げて後、除夜の御神饌が上がります。

お正月〆の内十五日間の御神饌は、十二月三十一日からおめでたく供ぜられます。御神饌は、御九献、数枚重ねたお菱葩《ひしはなびら》、お昆布の上に搗栗《かちぐり》を五つお載せ申し上げ、薄皮を取り除いたかずかず（数の子）を五つ、茹で伊勢海老。

「除夜につきましての御神饌、当年も相変わりませず例年のとおり御丁重に供ぜられます」

とお色目と御口上を申し上げて御披露申し上げます。皇霊殿にも御同様に御披露申し上げます。

その後、日々使用のお清流しの麻のお布巾、お手拭、また御内陣、御外陣の箒などを新しくお清め済みの御品々とお取り替え致します。

午後一時ごろ、上席の人が御殿に上がり、除夜につきまして御上、東宮様の御祈念を申し上げます。終わって後、除夜の御祈念の御供米《おくま》を入れた小さい御文庫と、十二月中、日々の御祈念の御供米を入れた大きい御文庫を持ち、上席の人と次席の人の二人で御所にまいります。

女官さんに、除夜の御祈念の御供米御口上申し上げ御披露、日々御祈念の御供米御口上申し上げ御披露申し上げます。

本年の日々御祈念も今日で「おみて（おしまい）」のこと申し上げ、明年もまた元旦より相変わりませず御祈念申し上げますことを女官長さんに申し上げ、御上にお申し入れいただきます。同時に、年末の御祝儀を女官長さんに申し入れます。

大祓

十二月三十一日午後二時より神嘉殿前庭にて、掌典長はじめ掌典、掌典補にて大祓の儀が行われます。

大祓は半年のすべての罪穢れを祓い清められます行事にて、清々しい気持ちで新年を迎えましてございます。

除夜祭

十二月三十一日午後四時除夜祭がお始まりになり、賢所、皇霊殿、神殿の御三殿に御神饌が上がり、掌典長はじめ掌典職員一同御奉仕。内掌典も御用を致します。

除夜祭終了後、片づけ、明朝のお仕度を申し上げ、侍従職、東宮職からお遣いの方、二種一荷（お鮮鯛、お昆布、御酒）を持参されますのをお受け申し上げます。

その後、年末の御祝儀を掌典、掌典補に申し入れます。

御三殿、御外陣をお拭き掃除を申し上げます。引き続いて、元旦の御神饌をお揃え申し上げます。

御酒は御三方の銀瓶子に入れ、御盃は御素櫃に入れ、お菱葩はお数（数枚）を重ね、お菓子お二色も納まりましたまま御素櫃に入れます。お切り昆布、搗栗、かずかず、おまな、お三色、茹で伊勢海老などは、お清流しでお清め致しまして、二つの御素櫃に分けて入れ重ね、他の御素櫃で蓋をして、御外陣奥のお隅に御三方と並べて置きます。「宵上げの御神饌」と申します。

皇霊殿にも御同様にして御素櫃に入れ、重ねて、明朝のために皇霊殿御内陣に御三方とともに置いておきます。

十二の御品のお盛りつけ

二十九日、三十日に御殿お清流しでお清め致しました十二色の御品々を、大御饌殿にて二つの大きい御三方を清いお台の上に置いて奉書を敷き、お盛り致します。

十二品の御品は、おひら（鯛）、鮑《あわび》、おむら（鰯）、きんこ、ごまめ、お蜜柑、ほだわら、あらめ、かや、ところ、お昆布、干柿など。

賑やかなお色目でお盛りしますと、御三方いっぱいになります。

盛りつけが終わり、内掌典御饌殿押入れにお片づけして、元旦から三が日、午前の御祭が終わりますと直ちに御前にお供えして御口上申し上げ御披露申し上げます。お残り分をお大黒様の御三方にお盛りして、三日間お供えします。

陛下が供ぜられ遠い昔から続けられます、おめでたいお正月の十二の御品のお供えでございます。

お大黒様お供えの仕度

そのお残りを御三方に載せて、お正月お雑煮のお祝いに注文しました丸餅の中から二つ重ねを内掌典の人数分だけ取り分け手前に並べ、お棚のお大黒様にお供えします。お大黒様の御神饌は、元旦、二日、三日、それぞれの朝にお供えし、夕におすべし申し上げますが、つい忘れて上げ放しにしてしまい、「あー！　お福をいただけない！」など、皆で後悔する年が度々ございます。

午後九時、御内陣「みこし」申し上げます御用を申し上げ、御殿の御用終了後、候所に戻り、内掌典一同、年末の挨拶。

雑仕も候所にまいり、年末の御祝儀を申し、午後十時過ぎ就寝。

元旦は午前零時起床にて、休みます時間は一時間余りでございますが、寸時でも身体を休め、新しい元旦を迎えますために床に就きます。

雑仕もまた年末の御殿の御用とお正月のお祝膳の仕度で、自分を顧みず内掌典のために尽くす真心に感謝の思いいっぱいにて、お正月を迎えようとしています。

火打石にて御火出し

元旦は午前零時に起きて、まず若い内掌典が御殿に上がり、金燭の御火を御内陣また御縁に配置しますので、三十一日夕方の御用の合間に、火打石にて清い御火をお出しして、「お火口」に受け、硫黄のついた「へぎ（薄い木片）」に燃やし移して、大御饌殿で御燈の中のお燈芯に御火を移し、朝夕お油を足してお燈芯を明るくお掻き立て申し上げ、三が日の間、留火をします。

年末年始の御挨拶

除夜祭終了後、釆女の間にて年末の御祝儀を掌典様に申し入れます。
内掌典一同揃い伺い、上席の人が申し入れます。
「歳末の御祝儀申し入れます。当年もいよいよ押し詰まりましてございます。掌典長ます。ただいま様はじめ誰方様にも御機嫌ようお勤めあそばしましておめでとうございます。本年中は誰方様にも言葉に尽くせませず結構にあそばしていただきましては、除夜祭もお滞りなくお済みあそばしまして恐れ入りましてございます。計り知れませずお世話様になりましたお陰さまで無事に御用勤めさせていただきまして恐れ入りましてございます。御礼を申し上げます。なおまた相変わりませず明年もまたよろしゅうお願い申し上げます。誰方様にもよろしいお年をお迎えあそばしますようにお祈り申し上げます」

掌典補にも、同じように年末の御祝儀御挨拶を申し上げます。

また翌朝、歳旦祭《さいたんさい》終了後、新年の御挨拶を掌典様に申し入れます。

采女の間に内掌典一同揃い伺い、上席の人が申し入れます。

「新年おめでとうございます。掌典長様はじめ掌典様お揃いあそばしまして御機嫌よう新しいお年をお迎えあそばしましておめでとうお慶び申し上げます。歳旦祭も滞りなくお済みあそばしましておめでとうございます。昨年中はこの上もなくお世話様になりまして恐れ入りましてございます。なおまた相変わりませず本年もよろしゅうお願い申し上げます。誰方様にもどうぞおよろしいお年でございますようにとお祈り申し上げます」

新年の挨拶、掌典補にも同じように御挨拶を申し上げます。

内掌典年末の挨拶、候所にて上席の人からお若い方へ申します。

「当年もいよいよ押し詰まりましてございます。本年中は言葉に尽くせませずお世話様になりましてありがとうございました。心から御礼を申し上げます。皆様の温かいお心遣いをいただきましたお陰さまにて無事に御用を勤めさせていただきましてございます。ありがとうございました。明年もまたよろしゅうお願い申し上げます。よいお年をお迎えあそばしますようにお祈り申し上げます」

内掌典新年の挨拶。

「新年おめでとうございます。御機嫌よう新しい年をお迎えあそばしましてお慶び申し上げます。昨年中はひとかたなりませぬお世話様になりましてありがとうございました。なおまた相変わりませずよろしゅうお願い申し上げます。今年もどうぞよいお年でございますようにお祈り申し上げます」

十二月三十一日から一月三日までの内掌典の御用を改めて書き記します。

■十二月三十一日

午前

早朝、毎朝日々の御祈念申し上げ御神饌供じ

八時三十分、御代拝後
御神饌おすべし
御内陣、五《ご》・十《とう》のお掃除
賢所、皇霊殿へ除夜の御神饌供じ
お清流しの麻のお布巾、お手拭などお取り替え

午後
午後一時、除夜の御祈念、御鈴上げ
御所へまいり、御供米御披露、年末の御挨拶
神嘉殿前庭にて大祓
除夜祭
除夜祭のお片づけ
掌典、掌典補へ年末の御挨拶
二種一荷お受け
御三殿お拭掃除
元旦の御神饌お清め（宵上げ）
火打石にて御火出し
上席の人、お夕けの御祈念

上席の人、「みこし」の御祈念
十二の御品御三方にお盛りつけ
内掌典一同、年末挨拶

■一月一日元旦
午前
午前零時起床。若い内掌典は御三殿お開けして御燭配置
午前一時、上席の人より一同順次御殿に上がり
三々九度《さんさんくど》の御盃供じ、皇霊殿にも同様に供じ
お千度
上席の人、御所の御祈念申し上げ、御鈴上げ
上席の人他一名、賢所、皇霊殿に御神饌供じ、後おすべし
候所に戻りお祝膳
御上、神嘉殿前庭で四方拝《しほうはい》、続いて歳旦祭。御上、東宮様御拝
二種一荷御披露
賢所、皇霊殿十二の御品供じ
午後

御所へ御供米《おくま》上げ
二日の御神饌を清め（宵上げ）
十二の御品おすべし
上席の人、お夕けの御祈念
上席の人、「みこし」の御祈念

■一月二日
午前
午前四時三十分起床。若い内掌典、御三殿お開けして御燭配置
午前五時三十分、上席の人お掃き始め
上席の人、毎朝の御祈念
上席の人、賢所、皇霊殿に御神饌供じ
御所、東宮御所へお掃き始めのこと電話で申し入れ
候所へ戻ってお祝膳
八時三十分、御代拝
御神饌おすべし
二日祭

賢所、皇霊殿に十二の御品供じ
午後
一時過ぎ、新宮殿へ拝賀《はいが》
賢所に戻り潔斎
御三殿お拭掃除
三日の御神饌お清め（宵上げ神饌）
十二の御品おすべし
夕食後、初風呂
上席の人、お夕けの御祈念
上席の人、「みこし」の御祈念

■一月三日
午前
午前四時三十分起床。若い内掌典、御殿お開け申し上げ御燭配置
午前五時三十分御殿に上がり、毎朝の御祈念
賢所、皇霊殿に三日御神饌供じ
候所に戻りお祝膳

八時三十分、御代拝
御神饌おすべし
三日祭
元始祭
十二の御品供じ

午後
御所へ御供米上げ
十二の御品おすべし
上席の人、お夕けの御祈念
上席の人、「みこし」の御祈念

第八章

着物のこと

立夏《りっか》、立冬《りっとう》の衣替え

立夏（五月五日〜六日）、立冬（十一月八日頃）を境に、賢所《けんしょ》では冬の衣服から夏の衣服に、また夏の衣服から冬の衣服に衣替え致します。御内陣《ごないじん》御前の御用をさせていただきます時の大清《おおぎよ》と、御外陣《おげじん》お外廻りの御用、また、候所《こうしょ》で常着します中清《ちゅうぎよ》それぞれに、幾通りもの衣服を衣替え致します。

大清

毎朝の御用、御旬《おしゅん》、旬祭《しゅんさい》の衣服は、内容は同じでございますが、御祭《おまつり》の時にはさらに気持ちを新たにして、取り置きの綺麗な服装にします。

■冬

短ひよ（さらし木綿）＝掛け衿《えり》、白羽二重またはナイロン（白色）
長ひよ（さらし木綿）＝掛け衿、白羽二重またはナイロン
とび色袷《あわせ》＝裏地赤羽二重、袖口ふき二分裾《すそ》ふき五分
下紐、丸絎《まるぐけ》、袴《はかま》帯と袴
衣（正絹）＝袴着用の上から羽織ります

■夏

短ひよ（胴さらし木綿）＝袖衿白麻
下着（白麻対丈）＝仕立ては白麻着物と同じ、ただし衿廻り一寸にして絎衿
白羽二重上単衣＝袖口布、裾廻しのみ白羽二重

下紐、丸絎、袴帯と袴
衣（正絹）＝袴着用の上から羽織ります

毎夕御内陣の御用時の服装

■冬
短ひよ、長ひよ、とび色袷、下紐、丸絎、おひとえ帯、唐衣《からぎぬ》（衣の略式の正絹）。

■夏
夏長ひよ、白麻着物、下紐、丸絎、おひとえ帯、唐衣。

「ひよ」とは御所言葉でお襦袢《じゆばん》のこと。さらし木綿で仕立てます。「とび色袷」は濃い紫がかったぼたん色。トビが羽を広げて舞い飛ぶ時、陽の光が羽を透かして見える色の由伺いました。神武《じんむ》天皇様の御東征の時、御弓先に金の鳶がとまり、光り輝いて長髄彦《ながすねひこ》の軍勢が眩しくて戦えなかったとの古事があり、おめでたい御所の色でございます。

「下紐」は白のメリンス。

冬の袿袴。中央が著者。

「丸絎」は赤羽二重（または緋縮緬）を丸く絎《く》けて真綿を入れた太い紐、おはしょりの線を下紐で整えて丸絎を締めて、その上におひとえ（帯）または袴帯を着けます。

「おひとえ」は、緑の生糸で織り上げます正絹《しょうけん》で長さ六尺。両端は裂き裁ちめのままにしておき、前は四つ折りにして綿ネルを芯に入れ、後ろは片結びにします。「おひとえ」は四つ折りを後ろに回し、前で片結びにして輪になります上に、端の一片をかけるようにして整え、後ろに回して整えます。

「袴帯」は、赤羽二重（または緋縮緬）にて半幅を二つ折りにして帯幅二寸余、丈約七尺くらい。芯にさらし木綿を入れて絎けた細い帯。袴を着用の時には必ず丸絎の上に着けて後、袴をはきます。

「衣《きぬ》」は、白の生絹で織られ、袖丈一尺七寸くらい、身丈三尺余にて脇は前後の身頃離れて前身頃で打ち合わせます。後ろ身頃裏背縫から紐を左右に回して前身頃の内にて輪を通して止めおきます。衿廻りの衿中は一寸にて前で広げます。「唐衣」は「衣」の略装にて袖丈五寸くらい、衿幅裁切《たちきり》三寸を縫い着けたままで絎けず両先を結び、頭から被って衿に引っかけます。

中清

御旬、旬祭の時、潔斎《けっさい》後、必ず御祭着「ひよ」と取り替えます。

■冬

御祭着短長ひよ重ね、御祭着とび色袷。ただし四月一日より立夏までは白袷を着ます。合白《あいじろ》と申します。丸絎、袴帯、袴。

■夏

御祭着夏長ひよ、御祭着白麻着物。ただし十月一日より立冬までは合白でございます。丸絎、袴帯、袴。

中清の御祭服《ごさいふく》

歳旦祭《さいたんさい》（一月元旦）＝袿袴《けいこ》（内緋縮緬）
二日祭（一月二日）＝袿袴（内緋縮緬）
三日祭（一月三日）＝袿袴（内緋縮緬）
元始祭《げんしさい》（一月三日）＝袿袴（内緋縮緬）
昭和天皇祭（一月七日）＝袿袴（内緋縮緬）
御神楽（一月七日）＝袿袴（内緋縮緬）
孝明天皇例祭（一月三十日）＝兼法《けんぽう》（内緋縮緬衿）、袴
臨時御拝《ごはい》（二月十一日）＝とび色袷、袴
春季皇霊祭神殿祭《こうれいさいしんでんさい》（春分の日）＝袿袴（内緋縮緬）
神武天皇祭（四月三日）＝袿袴（内白袷）
御神楽（四月三日）＝袿袴（内白袷）
香淳《こうじゅん》皇后例祭（六月十六日）＝細染
明治天皇例祭（七月三十日）＝細染、袴

秋季皇霊祭神殿祭（秋分の日）＝夏袿袴（内白麻）
神嘗祭《かんなめさい》（十月十七日）＝夏袿袴（内白袷）
鎮魂祭《ちんこんさい》（十一月二十二日）＝濃練袴、衣
新嘗祭《にいなめさい》（十一月二十三日）＝とび色袷、袴
賢所御神楽（十二月中旬）＝袿袴（内緋縮緬）
天長祭《てんちょうさい》（十二月二十三日）＝袿袴（内緋縮緬）
大正天皇例祭（十二月二十五日）＝兼法（内緋縮緬衿）、袴
除夜祭（十二月三十一日）＝とび色袷、袴
旬祭（十一月十一日〜三月二十一日）＝とび色袷、袴
旬祭（四月一日〜五月一日）＝白袷、袴
旬祭（五月十一〜九月二十一日）＝白麻、袴
旬祭（十月一日〜十一月一日）＝白袷、袴

平常着（早朝潔斎前に御殿に上がる衣服）

■冬

短長ひよ（前夜から寝巻の下に着用のままにて）、のこり用の紬袷、下紐、丸絎、

平常着。左の写真では帯（おひとえ）とおさえ（髪）の後ろが見てとれる。

おひとえ。毎月五日、十日の御外陣お掃除の時には、袴帯とお掃除用の袴を着けます。

■夏

長ひよ（前夜から寝巻の下に着用のままにて）、立夏より六月十日ごろまで、十月一日より立冬までのこり用の単衣の着物を着ます。六月十日ごろより九月末日の夏中は麻、または小千《おぢ》谷縮《やちぢみ》、または麻まがいの着物を着ます。下紐、丸絎、おひとえ。

毎朝潔斎後、御殿の御用の時の服装

■冬

昼着用短長ひよ、とび色袷または紬袷、下紐、丸絎、袴帯、袴。

■夏

昼着用夏長ひよ、白麻着物、下紐、丸絎、袴帯、袴。

昼着（御殿の御用終えて候所で着ます平常着）

■冬

短長ひよ（毎朝御用の時のままにて）、とび色袷、（時により紬袷に着替え）、丸絎、おひとえ。

■夏

夏長ひよ（毎朝御用の時のままにて）、紬の単衣の着物（五月六日立夏より六月十一日ごろまでと十月一日より立冬まで）、麻または代用の着物（六月十一日ごろより九月末日まで）、丸絎、おひとえ。

寝巻

夜休みます時の服装。「お寝召《ねめ》し」とも申します。夕のお風呂の時、または休む前、必ずのこりの短長ひよに取り替えます。

■冬

紬またはシルクの単衣の着物（衿は絎衿に仕立てます）、寝巻帯。

寝巻帯は、メリンスまたは絹のなるべく赤地で綺麗な花模様の布にて、長さ八尺の半幅帯を締めて後で文庫に結びます。おひきずりにして帯を結び、休みますまではおはしょりを半幅帯にしっかりと挟んで抱え、すべり落ちそうな時には下紐で結び止めて、休む時にはおはしょりを下ろしておひきずりに致し、両足を寝巻の中にお行儀よく包んで休みます。

■夏

立夏から十月ごろまでは、白地藍模様の一般にある浴衣地を、賢所の寸法に仕立てて寝巻にします。十月からは単衣の着物を着ます。

大祭、小祭の時の御祭服

立冬から立夏までの御祭には袿袴または兼法を、旬祭はとび色小袖を着ます。立夏から立冬までの御祭には夏袿または細染、旬祭には白麻の着物を着ます。袿は正装大礼服にて、兼法、細染は中礼服でございます。

冬袿袴を着用しますのは、十二月中旬賢所御神楽、十二月二十三日天長祭、一月三が日（歳旦祭・二日祭・三日祭と元始祭、一日中袿袴を着用）、一月七日昭和天皇祭（夜は昭和天皇御神楽がございますので一日中袿袴を着用）、三月春分の日春季皇霊祭神殿祭、四月三日神武天皇祭（夜は神武天皇御神楽がございますので一日中袿袴を着用）。

兼法は、一月三十日孝明天皇例祭、十二月二十五日大正天皇例祭。

夏袿は、九月秋分の日秋季皇霊祭神殿祭、十月十七日神嘗祭。

細染は、六月十六日香淳皇后例祭、七月三十日明治天皇例祭。

とび色小袖は、二月十七日祈年祭、十一月二十三日新嘗祭、十二月三十一日除夜祭。

冬袿（大礼服）は正装にて、表地は綸子《りんず》、縦枠に四君子（蘭竹梅菊などの模様の地紋を織り出した艶のよい織物で、色はとび色）、裏地は二十九歳までは赤、三十歳になりますと裏地はひわ色（黄緑色）に変わります。

袿の下には短長ひよの上に緋縮緬の小袖を着て、緋袴を着け、袿を着ますので、袿の衿元には緋縮緬の赤が見えます。神武天皇祭は四月にて袿の下には合白ゆえに袿の衿元には白い衿が見えます。

兼法（中礼服）は、黒縮緬の表に、松や紅葉また梅や桃の模様がございます。裾か

1991年3月21日、春季皇霊祭の終了後にて。

ら一本の木が肩の雲まで枝が伸びて、雁やうぐいす、めじろの飛翔の姿を、また根元にはすみれやたんぽぽの花など春の野辺、また萩や桔梗の秋草などが白く染め抜かれて、そこには木も花も草も到るところに日本刺繡が施されてございます。鳥の羽や胴の糸の運びが見事な日本刺繡でございます。裏地は赤羽二重、袖口ふき二分、裾ふき六分。本来は全部に真綿の入った小袖でございます。現在は袖口と裾ふきのみ真綿の入った袷になっています。内に袿と同じように緋縮緬の小袖を着るはずですが、嵩だかになりますので上半身だけの赤羽二重単衣、衿のみ緋縮緬の半小袖を着ます。ただし四月以降五月、立夏までに着る時、半小袖は着ませず、衿元は白羽二重でございます。

夏袿

ひわ色（黄緑色）横糸が太めでしっかりした生絹、無地の袿でございます。袿の下には九月二十三日秋季皇霊祭神殿祭には白麻の着物を、また十月十七日神嘗祭には合白（白袷）の上に袴、夏袿を着ます。

細染

白麻に兼法と同じように松や紅葉、または「からす瓜」など、肩の雲まで枝が伸びて、木の根元には水辺にて芦が茂り、水鳥の泳ぐ姿を藍色の線に染め上げ、日本刺繡が美しい色取りで刺してございます。上半身には雁や千鳥が飛んでいます。

兼法にも細染にも必ず鳥が描かれていて、その目には金糸が入っていますのが正式でございます。また細染は袖口布に「もみ（紅色の薄い生絹で着物の裏地）」を着けて袖口ふきは一分ほどでございます。地面より木の根元から梢まで続き、雲で天を表す御所の衣でございます。

外出着

兼法、細染は御殿に上がる服装なので必ず袴を着けます。兼法は黒縮緬に刺繍がございます。

大正時代以前は地色をうす紫やうす緑にしてお好みの模様の刺繍ができました。下着は白羽二重の着物、半幅の赤い縮緬の帯を着けて、その上から美しいお召しをお搔《かい》取《どり》にお召しあそばしまして、お出かけになられたそうでございます。

坂下門で待ち受けております人力車を呼んで歌舞伎座などでお芝居の観劇においであそばしました由も伺いました。また、細染は四半分幅の織物でできてございます付帯を細染のおうしろで蝶結びにされた服装で、その昔、大正時代は夏の日に貞明皇后様の沼津御用邸に行啓《ぎょうけい》の時、お供をあそばしました女嬬《にょじゅ》さんが駅のホームでお迎えの人々に珍しそうに見られて恥ずかしかったとのお話も伺いました。

雅やかなお姿でございます。

掻取

「掻取」は、長短ひよの上に、白羽二重の袷または単衣の下着を着て、赤い絹または緋縮緬の半幅帯を締めて整え、その上から刺繡の掻取や綸子羽二重の掻取を着ます。裾の長さいっぱいに抱えて「しごき（下紐）」で腰のところで締め、衿を打ち合わせて右端を少ししごきに挟みます。お掻取は、現在も御所でお召しあそばします御事と存じます。

若い内掌典《ないしょうてん》は平常着ではとび色または紬の袷に「おひとえ（緑の帯）」を締めますが、年齢を重ねた上席の人は候所では掻取を着ます。地紋のある無地の綸子の反物を掻取に仕立てます。裏は赤羽二重袖丸み四寸、袖口ふき二分、裾ふき五分にて、袖丈一尺二寸がそのまま袖付け一尺二寸になり身丈も少々長く、身八つ口はございません。

小袖

小袖は袖丸み約四寸の元禄袖にて、袖口ふき二分、裾ふき五分の袷（本来は綿入り）の着物を申します。綸子などを掻取として着る時には、袖丈をそのまま袖付けに致しますが、袴、おひとえを着用しますので袖付け振りと身八つ口もあります白羽二重、とび色の小袖を袷の着物と申しています。平常着にはつむぎの袷を着ます。

付帯

若い内掌典は大清、中清を通して袴を着けますほかは、年中おひとえを締めます。冬、掻取を着る人は夏の平常着は単衣また麻などの着物に丸絎を締めて、その上に四半分二寸三分幅の長さ八尺ぐらい、内は帯芯の入ったお錦や同様の織布で仕立てた付帯をします。

明治・大正時代には御所ではお付帯のために帯幅に合わせて、縦枠の模様に牡丹の花などを美しく織り出されましたお付帯をお召しあそばしましたそうでございます。

丸絎《まるぐけ》の襷《たすき》

大清、中清のすべての場合に必ず下紐で裾を打ち合わせ、衿元を整えて丸絎を締め、その上に袴帯、おひとえ、また上席の人は、付帯を用います。御殿のお清流しで御盃器や御用の御品をお清め致します時には、締めました丸絎を取って襷にします。

丸絎を結びます時は、着物の紐と同じように、紐の中央を前にして両方後ろに回して交差、前で蝶結びにします。御所では最初から丸絎を二つ折りにして、後ろから前にしてそのまま結びきりにされますとか。また、その時代の命婦《みょうぶ》（女官さんの役名）さんは、お袴を着けず、袿のみお召しあそばしました上から丸絎を襷にして、陛下のお湯のお流しをあそばしました由を今大路様（大正時代の命婦様で、後に内掌典に転籍）から伺いました。

白小袖、白袿

年を重ね、長くお勤めさせていただきました上席の人の大清は、冬はとび色の小袖の代わりに白羽二重小袖を着ます。袖丸み四寸、袖口ふき二分、裾ふき五分にて仕立て方はとび色小袖と同じ、裏地も薄手の白羽二重で胴接ぎなし裏を着けます。

また、中清、御祭、御正月の袿は地紋があり、艶のある白綸子で、衿、袖口側、裾にピンク色などの「なかべ（表地と裏地の間に細い色取りを添えた筋）」が入った袿を着ます。

白綸子袿を着用の時は、袿の下は立冬から冬中は白小袖を、また四月立夏までに着る時は白袷を着ます。夏は白生絹《しろすずし》の袿袴にて、内は白麻の着物を着ます。中清の御祭着の着用の時には白綸子または白生絹の袿を着まして、兼法や細染は着ないことになっています。

地白

夏の中清は白麻、またはこれに準じた生地で仕立てました着物を着ています。戦後までは白麻に藍で模様を染めました「地白」を上のお方様がお召しあそばしていました。縦枠に竹や菊、また網代に千鳥の模様を藍色に染めました白麻の着物でございます。左袖の下から三寸ぐらいは染められず、白のままにてこれが正式な「地白」でございます。

いまは型紙もございませず、知る人もなく伝統の地白が消えましたのが残念でございます。御所の女官さんも昭和初期までは夏お召しあそばしました御所の御衣装でございます。内掌典の簞笥にお取り置きの一反は貴重な文化財となりました。

明治・大正時代から女官さんもお洋服をお召しあそばしますようになりましてございます。昔ながらの御所の優美なお袿のお召しものにておいであそばしますのは、御祭にて御拝の時のみになりました。

びん付け油、すき油で髪を押さえに上げ、暑い時も寒い時も日々昔ながらの服装で過ごさせていただきますのは、皇居の中でも内掌典だけになりましてございます。神様のおそばに置いていただきますありがたさを心に戴いて、いつでもそのままで御殿に上がり御用をさせていただきますように、常に衣服を正し、心清く過ごさせていただきおります。

第九章

内掌典の重儀

御《お》鈴《すず》

百十二代霊元天皇御製

朝な朝な神の御前にひく鈴の
おのずから澄むこころをぞ思う

茂木《もてぎ》貞純《さだすみ》様ご著書のご本『神道と祭りの伝統』(神社新報ブックス、二〇〇一年)を拝見しまして、初めて拝詠させていただきました時は、畏敬の念に満たされましたのを言葉に表すことはできませんでした。

それから毎日恐れ入りながら繰り返し拝読させていただきまして、ただ身の引き締まります思いにて、尊い御用をさせていただきます身を重ねさせていただきました。

御鈴はまさに内掌典《ないしょうてん》の、一番大切な御用と教えられました。長い間お勤めあそばしました上席のお方がその大役をあそばします。

それはお難しい御用でございます。

御鈴は、毎朝に両陛下の御祈念申し上げます時、御神饌《ごしんせん》を御披露申し上げます時、両陛下皇族様御誕辰《たんしん》の時や、あるいは外国にならせられます時の御祈念、さらに、お帰りあそばしまして御礼申し上げられます時など、おめでたい時の御奉告、御祈念の御時に、それぞれ内掌典が御鈴を上げさせていただきます。

お綱を引く手の力を徐々に抜きますと、御鈴は一斉に鳴りながら、高い御音《おみおと》からだんだんとおなびきあそばしまして後、自然に余韻のお静まりあそばしますのをお一つとお数え申し上げます。

御鈴の儀に御奉仕させていただきます内掌典、誠に冥加《みょうが》に尽きます尊くもったいない御用でございます。

御鈴の御音は御神音でございますと、三上内掌典から教えていただきました。

初めての御鈴

初めて御鈴を上げさせていただきましたのは、上がりましてから五年ほど過ぎた時でございます。大清《おおぎよ》を着て、袴《はかま》の上に「衣（白生絹《しろすずし》の薄い装束）」を着け、初めて御鈴の御用を教えていただきました。

御燈《ごとう》を拝見して御内陣《ごないじん》に進み、日々の御用、また日々の御祈念を申し上げ、改めて御鈴の前に座し、御鈴を上げますにつき御祈念申し上げ、両手で大綱を持たさせていただきました。

私の手の上から三上様にお手を添えていただき、御鈴を引かせていただきます力の入れ方、その呼吸を言葉ではございませずお心にてお教えいただき、恐れ入りながら初めて御鈴を上げさせていただきました。

御鈴は神様の御神音でございまして練習はございません。ただ畏《かしこ》まって三上様のお手のあそばしますままに上げさせていただきました。畏れ多いことでございました。夢中でございました。

そして、途中で三上様がお手をお離しあそばしましたその瞬間、上手に上げられなくなり、再び三上様がそっとお手をさしのべていただきましてございます。神様にお助けいただきましたような思いがしまして、ありがたいことでございました。

御鈴を上げます時には、決して上手に上げますことを望まず、ただ畏みて一所懸命に上げさせていただきましてこそ、叶わさせていただけますことも教えていただきましてございます。

賢所《けんしょ》に上がりましてから五年間、御殿の細かい御用を松崎様、福島様、中根様に教わりながら、やっとお外回りの御用ができるようになりますまでの間、御内陣のお大事な御用や、御鈴の御音は、ただ尊く伺っていましただけでございました。お教えいただきました以後は、改めて深く御鈴の御音に耳を傾けさせていただきましてございます。

いつもさわやかにお澄みあそばします三上様の御鈴の音に、少しでも近づけさせていただきたいと思いました。

三上様が七十五歳でお退《さが》りあそばしまして後、代わりまして私が御内陣の御用、御祈念のこと、そして御鈴を上げさせていただきました。その幸せは、何に代えることもできませぬ心の中の宝でございます。

幾年経ちましても神様に御満足いただけますような御鈴は上げられませず、誠に一生の修練でございました。

若い内掌典には一年過ぎて候所《こうしょ》の毎日のおしきたりにも慣れ、日々の御用も習得されました時、三上様にお教えいただきました当時を思い返して、若いお方に引き継いでまいりましてございます。

徒然草二十三段に、

「衰へたる末の世とはいへど、なほ九重の神さびたる有様こそ世づかずめでたきものなれ」

から始まります文章の終わりに、

「内侍所《ないしどころ》（賢所）の御鈴の音はめでたく優なるものなりとぞ徳大寺《とくだいじ》太政大臣《おほきおとゞ》はおほせられける」

とあります。兼好法師が若い時、宮中にお勤めされ、内侍所（賢所）の御鈴の御音を徳大寺太政大臣様からお聞き伝えのことが記されています。

当時でも、陛下のお側にお仕えするお方の他は、御鈴の御音を直接に伺えることはなかったと思います。

この徳大寺太政大臣の御子孫の徳大寺実厚《さねあつ》様は、昭和天皇の侍従としてお仕えあそばしまして後、戦後、掌典長を拝命あそばしました。立派な温厚なお方様で内掌典にも御温情をいただきまして、心から敬慕申し上げましたお方様でございます。

七百年前の御先祖様と同じく皇室にお仕えあそばしました、尊いお公卿さんのお家柄でございます。

御供米《おくま》のこと

御祈念の御鈴が上がります時には、お米を奉書に入れた御供米が必ず上がります。御祈念申し上げ御鈴を上げます時、賢所様の御神霊がおこもりあそばします尊いもったいない御供米と教えていただきました。

毎朝新しい御供米を御前の御供米の折にお立てし、御上《おかみ》の御祈念を申し上げます。毎月一日に、一カ月中の御供米を御所に持参し、女官さんを通じて御披露申し上げます。

御供米のお米は、新米を翌年の一月二十日過ぎ、大寒に入りましてから御殿のお清流しにて寒のお水で研ぎます。

水をよく切り、お清め致しましたお米は御素櫃《おすびつ》にあけて、すっかり乾かしてお蓋物(大正の初めからお使いされました陶器)にいまも大切に保管し、一年間「御供米のお米《よね》」としてお使い申し上げます。

御燈のこと

賢所には御燈が上がってございます。

朝夕に御燈の中の土器に菜種油を注ぎ足します。細い燈芯二本の先に明るく燃える小さなお清い御火でございます。

この御燈の御火は、神様の御火でございます。「もったいない御火」と申します。遠い昔より絶えることなく灯された「天津火継《あまつひつぎ》」とも教えていただきました。決して「おしめり（消える）」になりませぬように、命をかけて大切にお守り申し上げますお清い御火でございます。

朝夕に御祈念のため御殿に上がりました時、まずは御内陣の入り口のお油の道具を入れました箱を開け、御燈にお油をお足し申し上げ、お燈芯の先の黒い燃えカスを薄い木片でそっと落とします。するとまた明るくお燃えあそばします。

御殿は日没に従って暗くなり、お正面の御扉、お両横の御格子《みこし》、御門口《おかどぐち》を閉めますと真っ暗でございますが、賢所様は御燈の御火にてほんのりと明るく、その御様子が伺えます。

午後七時、お夕けの御祈念の時お油をお足し申し上げ、九時に「みこし」申し上げ

せていただきます数名のお方様がお護り申し上げますが、戦争が激しくなってまいりますと、厳《おごそ》かな佇まいは一変し、静寂は遠くなりました。昼間庁舎においでになりました式部職の上席のお方様方をはじめ、夜は大勢の人々が泊まられるようになりましたため、また、近衛兵や警手さんの巡回も増えて、御殿を焼夷弾からお護り申し上げますために待機していただきました。どなたもが皆々一所懸命お護り申し上げます気持ちでいっぱいでございました。

夜の空襲警報の時には、電気を点けますと外に明りが漏れますので、窓や縁側には黒いカーテンを引いて、その中で急いで青い木綿織の上衣と袴《はかま》（足首のところが絞ってございます）をつけて御殿に上がり、御三殿の御扉をお開け致します。焼夷弾が落ちてきても、御扉が閉まっていますと内で燃えていましても気がつきませんので、これが警報の時の最初の御用でございました。折には不気味な爆音が聞こえて、空襲が去るまでは本当に落ち着かない待機の時間でございました。

終戦の間近になりましたころのことでございます。賢所通用門の外の小さな築山の所にトンネルの形に掘って防空壕をこしらえていただきました。電車のように向かい合って座れます上等の防空壕で、「空襲になったらここに入ってください」と教えていただきました。夜、空襲警報のサイレンとともに起きて御用を済ませてこの防空壕に避難致しました。その時警護の警手さんから、「原子爆弾を落とされるかもしれないので外に出ないでください」と言われました。広島の原爆がありました後で、その恐ろしさはすでに私どもも伝え聞いておりました。ただただ防空壕にこもって無事を祈りましてございます。

ずっと後になりましてから、原子爆弾は昼間日光に作用しないと爆発しないことを聞きましてございます。

掌典職《しょうてんしょく》の若いお方々にこしらえていただきましたまた小さな防空壕は、「こんな所に入ったらいっぺんに押し潰されてしまいますよ」と言われましたり、私どもがこしらえた防空頭巾も、とび色の羽二重の着物の端布《はぎれ》で中に真綿を入れましたもので、「羽二重の絹に火がついたらすぐに燃えますよ」と教えてもらいましたり、いまでは皆々笑い話の思い出でございます。

それでも、戦争中も毎日の御用が途絶えることはございませんでした。日々皇室の御祈念を申し上げ、神様に御神饌《ごしんせん》を供じ、内掌典の御用は相変わりませず続けられましてございます。

終戦までのこと

戦争が激しくなり、東京に初めて空襲のございました後、神様は現在の御殿から御《お》仮殿《かりでん》に御遷座あそばしました。昭和十九年夏ごろでございます。

御仮殿は賢所お構えと道を挟んで反対側にございます。御三殿御造営の時に建てられました御殿で、非常の時、または御殿の御修理の時などにお移りあそばしていただきます御殿でございます。

御仮殿のお後ろには、新しく詰所もできました。掌典、掌典補と廊下を隔てて内掌典候所《こうしょ》がございました。内掌典も二組に分かれて御仮殿候所と賢所候所に毎日分かれ、夜は全員賢所で休み、掌典、掌典補が御仮殿を当直をあそばしましてお護りあそばしてございました。

ただ、実際には、堅牢な地下「御斎庫《おさいこ》」に神様をお祀り申し上げてございましたが、御仮殿は神様が成らせられるのと同じことにて、日々の陛下の御代拝は御仮殿の木階の下で行われました。また当時は御祭《おまつり》に陛下も御軍装で、御仮殿のお正面から御拝《ごはい》あそばしましてございます。

御仮殿にはお清めの設備が整ってございませんので、賢所のお清流しで御神饌をお清め申し上げ、清い御日供箱が着物に触れませぬようにして御仮殿まで歩いてお運び申し上げます。お清い御神饌ゆえに着物に触らないように持ちますのは、大変重く難しゅうございました。

五日に一度は御斎庫の中の鉄扉をお開け申し上げまして御内をお拭い申し上げます。

その鉄扉は厚さが二十センチ近くございまして、なかなかに重く、力がいります。天の岩戸をお開けあそばしました天手力男命《あめのたぢからおのみこと》様ならぬ「天手力女命」と自称して開けさせていただきましてございます。

雨の日もまた雪の日も、傘をさして通い、お夕けの御祈念の御用においであそばします三上様、またお代わりのお方様について、御紋付のお提灯のお明りにて御仮殿までの道をお供申し上げました。

このようにして過ごしました戦争も終わり、昭和二十年八月十五日を迎えました。その朝は、御仮殿候所におりました。正午に陛下の玉音放送があるということで、ラジオの前で待機致しました。誠に陛下の玉音《ぎょくおん》、それは初めて放送されます御声でございます。何か信じられませぬ終戦の詔《みことのり》でございました。

御仮殿の外では、守っていてくださいました近衛の兵隊さん二、三十人を前に隊長さんが訓示をされていました。

「これまでは宮城を死守するためにお前たちの命を預けてもらった。日本は戦争に負けたのでもはやその必要はない。軍隊もなくなるだろうからお前たちは国に帰ることになる。国に帰った時、アメリカ兵が出てきたら年寄りや子供、女性を山に隠してお前たちが盾になれ」

と悲痛な思いを込めて話しかけておられたのを、私どもも御仮殿の候所の中でただただ聞き入りました。

兵隊さんのうつむく姿に私もまた胸が詰まりましてございます。悲しい日でございました。

軍隊もやがて解散するでしょう。お国のためにと何もかもその勝利のために耐え忍んできましたすべてが崩れました。

それでも内掌典は今日もまた、明日からも相変わりませず、神様をお護り申し上げます御用が続きます。

終戦の翌日、御三殿の神様は元の御殿にお帰りあそばしましてございます。

掌典職の皆様、また皇宮警察のお方々がお担ぎ申し上げました御羽車のお行列は、粛々としてお静かに賢所正面からお入りあそばしまして、御殿にお帰りあそばしました。

そしてその翌日、御神霊をお慰め申し上げますために早速の夜の御祭、御神楽がございました。夜、庭燎《ていりょう》が赤々と燃えます中、神楽舎《かぐらしゃ》では宮内庁楽部のお方々の神楽歌に合わせて舞う御神楽の御神事は、一年ぶりに御本殿にお静まりあそばしました神様の御神霊をお慰め申し上げます御祭でございました。

御神楽がお済みあそばして、戦前と変わりない元の姿に戻りましてございます。

戦後のこと

戦後の世の中の変わりようは、ずっと変わらずに来ました候所も、さまざまに影響を受けました。

神様の御用にお休みはございませんので、私どもは土曜も日曜日もお正月休みもなく日々を過ごさせていただきましてございます。私は御用が生き甲斐になってございましたし、実際のところ、終戦後になると鉄道も混乱し、切符を買い求めることもなかなか難しゅうございました。時が過ぎますうち、結局十年ほど家には帰りませんでした。それが嫌だとも思いませず、毎日が過ぎてゆきました。

上のお方様は外出されたり、また、帰郷もあそばしましたが、私はあまり外の世界に出ることもございませんでした。上がりましてから初めて下方《したがた》の着物に着替えてお堀の外に出かけましたのは、戦後初の衆議院の選挙の時でございます。神田のどこか忘れましたが、上のお方様にお連れいただきましたのを覚えています。

ところが、戦後だいぶ経ちましたある時から、そうしたしきたりが労働基準法に違反するとなり、そのまま続けますと掌典職の部局長が罰せられる事態になりかねませぬとのことで、古い制度を変える必要に迫られました。

1950年代後半～1960年代前半、30代頃の著者。

それからは、定期的にお休みをいただくことになりました。御用のできません「まけ」の一週間に合わせて、朝ゆっくり骨休めをさせていただきましたり、泊まりがけで両親の元に帰らせていただきましたり、交替でお休みさせていただきましてございます。

また、大きな御祭がない二月ごろ、時間の余裕がある時に掌典職の旅行会がございました。当日の御用の掌典さん、掌典補などは賢所にお留守番にて、内掌典も二人は必ず御用のために残りましてございます。伊香保や長野、千葉、水戸、下田方面など賢所から長距離バスで訪れましたり、また、新幹線で東園《ひがしその》掌典長の故郷、仙台は伊達政宗の青葉城、松島や塩釜に旅行させていただきましたこともございます。一泊旅行にて掌典職のお方様、また雑仕《ざつし》もともに寄せていただきまして、誠に楽しい時を過ごさせていただきましてございます。

夏には納涼会もございます。隅田川の屋形船に乗り、レインボーブリッジの下をくぐって東京湾に出て、行き交う屋形船の美しい夏の風光の中に私どももまた身を置きましてございます。気心の分かち合える掌典職の皆様と向き合い、お膳に次々と出していただきますお料理、揚げ立ての天ぷら等々、愛でながらカラオケで皆様の美声をうかがいまして、夜の更けるまで楽しさに酔いしれましてございます

以前に比べると外出の機会もかなり増えました。歌舞伎に呼んでいただきましたり、

まに続いています。

火は日であり、さらに霊《ひ》であって誠に尊い霊妙《れいみょう》（人間では計りしれませぬ不思議なこと）なものでございますと教わりました。

ます御祈念で上がります時は、お燈芯をお掻き立て申し上げましてございます。真っ暗な御殿で御燈のお光を頼りに御前に進みます時、目の前に神様のお光を拝ませていただきますような思いに満ちて、心を引き締めましてございます。

現在は油もほどよく精製されて朝夕の御用の時、注ぎ足すだけで、十二時間そのままでお灯りあそばします。戦中戦後は、油の精製がまだ悪く、御火が数時間しかお続きになりませず、夜中に上席のお方様が起きて御殿に伺い、御火をお掻き立て申し上げるのが常でございました。

その時、御殿の御門口をお開けあそばします「キリキリ」という音が賢所正門外の立番所まで聞こえ、警衛の近衛兵が、「賢所の構内から異様な音が聞こえて震え上がるほど怖かった」と、後日伺いましてございます。

上席のお方様は、深夜御殿にお上がりあそばします時、寒い冬の夜中にて、候所で休んでいます他の人が目を覚まさないようにそっとおいであそばしますのを、若き日の私は時間を見計らって目を覚まし、そっと起きてお提灯に火をつけ御殿に伺い、上席のお方のためにお手水《てみず》のお流しに明るさを差し上げ、お喜びいただきましたことをふと思い出しましてございます。

戦後しばらくは色も濃く、重い油で恐れ入りましたが、その後、菜種を広い畑で栽培されているお方に、賢所のために高級な菜種油を精製していただくようになり、い

せていただきます数名のお方様がお護り申し上げますが、戦争が激しくなってまいりますと、厳《おごそ》かな佇まいは一変し、静寂は遠くなりました。昼間庁舎においでになります式部職の上席のお方様方をはじめ、夜は大勢の人々が泊まられるようになりました。また、近衛兵や警手さんの巡回も増えて、御殿を焼夷弾からお護り申し上げますために待機していただきました。どなたもが皆々一所懸命お護り申し上げます気持ちでいっぱいでございました。

夜の空襲警報の時には、電気を点けますと外に明りが漏れますので、窓や縁側には黒いカーテンを引いて、その中で急いで青い木綿織の上衣と袴《はかま》（足首のところが絞ってございます）をつけて御殿に上がり、御三殿の御扉をお開け致します。焼夷弾が落ちてきても、御扉が閉まっていますと内で燃えていましても気がつきませんので、これが警報の時の最初の御用でございました。折には不気味な爆音が聞こえて、空襲が去るまでは本当に落ち着かない待機の時間でございました。

終戦の間近になりましたころのことでございます。賢所通用門の外の小さな築山の所にトンネルの形に掘って防空壕をこしらえていただきました。電車のように向かい合って座れます上等の防空壕で、「空襲になったらここに入ってください」と教えていただきました。夜、空襲警報のサイレンとともに起きて御用を済ませてこの防空壕に避難致しました。その時警護の警手さんから、「原子爆弾を落とされるかもしれないので外に出ないでください」と言われました。広島の原爆がありました後で、その恐ろしさはすでに私どもも伝え聞いておりました。ただただ防空壕にこもって無事を祈りましてございます。

ずっと後になりましてから、原子爆弾は昼間日光に作用しないと爆発しないことを聞きましてございます。

掌典職《しょうてんしょく》の若いお方々にこしらえていただきましたまた小さな防空壕は、「こんな所に入ったらいっぺんに押し潰されてしまいますよ」と言われましたり、私どもがこしらえた防空頭巾も、とび色の羽二重の着物の端布《はぎれ》で中に真綿を入れましたもので、「羽二重の絹に火がついたらすぐに燃えますよ」と教えてもらいましたり、いまでは皆々笑い話の思い出でございます。

それでも、戦争中も毎日の御用が途絶えることはございませんでした。日々皇室の御祈念を申し上げ、神様に御神饌《ごしんせん》を供じ、内掌典の御用は相変わりませず続けられましてございます。

終戦までのこと

戦争が激しくなり、東京に初めて空襲のございました後、神様は現在の御殿から御《お》

内掌典候所にテレビが入ったのも割合に早くで、普段はニュースや私どもの楽しみの物しか見ませんでしたが、掌典職のお方の候所にはまだテレビがなくて、野球とか相撲の試合などがありますと、当直のお方が「見せてください」と来られるので、私どもも一緒に見て賑やかでございました。

お化粧品など生活道具や、また、折々に知人よりいただきました時の御礼の御品などを求めますために、二カ月に一度の割合で買い物にまいりました。特に戦後はひどいインフレでございました。買い物の度に物の値段が変わっているという具合でございました。

戦後すぐ、草履か何かを買いに銀座の店へ行った時のことです。五百円持って店に入ったら、「いまどき五百円しか持たなくて銀座を歩く人なんていないよ」と、店の人に笑われてしまいました。物価が高くなっているのは知っていましたので、ちょっと大目に持っていったつもりが、私どもの想像を遥かにこえ、戦前は十数円で買えた草履が千円もしていましてございます。

賢所の中での時間はゆったりとしております。歩くのもゆっくりで、そのことに慣れてしまうと、自分たちでは気がつきません。たまに外の方が来られると、とても動きが機敏で活気があり、私どもの世界との違いを感じたものでございます。

銀座などに買い物に行くようになりましたのは戦後しばらく経ってからでございます。最近の若い内掌典は東京の地図を見ながら、渋谷、表参道、池袋方面にも探検に行くと言って、張り切って出かけられます。

賢所から外出する時には必ず外出着の和服を着て、帯をお太鼓に結んで出かけます。若い内掌典の美しい装いに、「踊りをされているのですか」とか、「お茶のお稽古ですか」とか、道行く人に訊ねられ、恥ずかしいと申しておりましたが、内心は御満足のようでございました。

いまもなお、その一つひとつが懐かしく、楽しい思い出となって、温かく心の中に蘇ってまいります。

賢所から見た戦後

戦後の建設ラッシュで、皇居の周りにも高いビルや高速道路ができました。

御殿に上がりますと周りの音がまたよく聞こえましてございます。高速道路を車が走る轟音が聞こえてきましたり、また戦後、国会周辺などでデモ隊がありますと、「〇〇反対！」などというシュプレヒコールが、御殿の中までよく聞こえて騒がしゅうございました。

1950年代後半～1960年代前半、30代頃の著者。

それからは、定期的にお休みをいただくことになりました。御用のできません「まけ」の一週間に合わせて、朝ゆっくり骨休めをさせていただきましたり、泊まりがけで両親の元に帰らせていただきましたり、交替でお休みさせていただきましてございます。

また、大きな御祭がない二月ごろ、時間の余裕がある時に掌典職の旅行会がございました。当日の御用の掌典さん、掌典補などは賢所にお留守番にて、内掌典も二人は必ず御用のために残りましてございます。伊香保や長野、千葉、水戸、下田方面など賢所から長距離バスで訪れましたり、また、新幹線で東園《ひがしその》掌典長の故郷、仙台は伊達政宗の青葉城、松島や塩釜に旅行させていただきましたこともございます。一泊旅行にて掌典職のお方様、また雑仕《ざつし》もともに寄せていただきまして、誠に楽しい時を過ごさせていただきましてございます。

夏には納涼会もございます。隅田川の屋形船に乗り、レインボーブリッジの下をくぐって東京湾に出て、行き交う屋形船の美しい夏の風光の中に私どももまた身を置きましてございます。気心の分かち合える掌典職の皆様と向き合い、お膳に次々と出していただきますお料理、揚げ立ての天ぷら等々、愛でながらカラオケで皆様の美声をうかがいまして、夜の更けるまで楽しさに酔いしれましてございます

以前に比べると外出の機会もかなり増えました。歌舞伎に呼んでいただきましたり、

戦後の内掌典の制度

私が上がりますまでは、内掌典は皆十年はお勤めあそばしまして、厳然と体制が整ってございました。戦後、お三方様が退職され元大宮御所の女官今大路様が、三上様、福島様と私の三人のところにお上がりあそばしましてございますが、昭和三十年から四十年にかけて、福島内掌典様がお退がりになり、今大路内掌典様がお亡くなりになりますと、私と三上様だけが残りました。世の中の変化で候補に上がるお方も少なくなりましたが、内掌典の継続をお案じいただきますお方様の御厚意で御紹介いただき、私が上がりまして十余年経ちましてから初めて吉田寿子様、赤崎みま子様、露崎のり子様、千草佳子様、鵜飼康栄様、木村崇代様、由布貴久子様、神野浩美様がだんだんと年が過ぎますうちにお上がりになりました。三上様のお側で、若い方はどなたも皆一所懸命よく勤められ、毎日心を合わせて過ごし、立派な内掌典になっていただきました。しかし、現在の世の中に先輩のお方様のように長く続けての御奉仕は、その人の一生を変えることになりまして、戦前のようなあり方では難しくなりました。

そこで、四年交代制が取り入れられることになりましてございます。

皇學館大學や國學院大學また他の大学からも、卒業生を推薦していただき、毎年その中の一人が採用され、四年で交替し新しくお若い方が上がりましてございます。

そして、三上内掌典も七十五歳で退職あそばしまして、私が伝える立場となってからも、受け継ぎました御用、古いおしきたりや内掌典特有の生活を、現代の高い教育を受けながら何のこだわりもなく素直にひたすらに守り続けていただきました。

内掌典はやはり女性の文化でございます。毎日の生活習慣など男のお方様にはお分かりにならないこともいろいろございます。

候所の毎日の食事にしても、上のお方様から代々伝わってきた生活習慣や此方《こなた》だけのいただきます文化が多々ございます。四方《しほう》の御鏡餅のおすべりを薄く切って干し、候所の火鉢で焼き上げる特有の「おかき」、お雛様の時にこしらえます「お玉子酒」、お正月のお菱葩《ひしはなびら》につけます甘い味噌のこしらえ方など、内掌典だけが伝えましたかけがえのないレシピがあります。

また、鈴虫の飼い方などの内掌典だけの伝統もありますし、上のお方様への敬語、御所の言葉遣い、日々の作法など、教える人がいないと消えてしまうものばかりでございます。引き継ぐ者がいないことを知りながら退らねばならなかった私にとって、皇室文化とも異なり、御所の女官さんの文化とも違う、内侍所の内侍さんから続きます内掌典の担ってきました特有の文化が消えてゆきますのがただただ残念でございます。

第十一章

昭和天皇・皇后両陛下の想い出

御拝《ごはい》の時

昭和五十年お歌会　昭和天皇陛下御製〈祭〉

わが庭の宮居に祭る神々に
世の平らぎを祈る朝々

昭和の御代、陛下の御歌でございます。ありがたく伺い、感極まりましてございます。

日々天下太平を御祈念あそばしますこの賢所《けんしょ》をお護りさせていただきますのは、誠に無上の光栄でございます。

御拝の時、御上《おかみ》が綾綺殿《りょうきでん》から賢所へ出御御拝の後、引き続き皇霊殿《こうれいでん》に成らせられます時、長い御拝廊下に敷かれたお莚道《えんどう》を御歩お進めあそばす御装束の御挿鞋《そうかい》（束帯着用の時の沓《くつ》）の御音厳《おみおとおごそ》かにならせられます。

御上御拝のお済みあそばして後、皇后様の御袿《おうちき》の御長袴《ばかま》にて御殿にお進みあそばしますお静かなお絹擦《きぬずれ》の御音を、御拝廊下にもっとも近い内掌典候所《ないしょうてんこうしょ》で伺います時、内掌典はその間、畳に両手をついて平伏致しおります。

いま神様に御拝あそばします陛下の尊い御姿を、御音の中に拝させていただき、身の引き締まります思いが満ちてまいります。このようなお近くで、このような感動を、そしてありがたさをいただきますのは内掌典だけの幸せでございます。

この間中は一同候所で平伏しておりますが、その中で上席の内掌典は御内陣《ごないじん》で平服し御拝の時、御用勤めさせていただきます。

昭和の御代戦前は、御祭《おまつり》の時陛下が綾綺殿に成らせられますその度毎に綾綺殿の御門の外で必ず近衛兵が吹くラッパの音が高らかに聞こえました。

敬礼の意を表すラッパの曲でございましょうか、その特有の厳かな御響きに、いま、綾綺殿に成らせられて、また、御退出あそばしましたのを、伺うことができました。ただし、御祭の最中でございますので、近衛兵のその勇姿を見ることはございませんでした。

ニュース映画のこと

昭和三十年半ばのことでございます。元侍従さんでおいであそばしました甘露寺《かんろじ》掌典長が、「内掌典はどこへも行けず、外の様子を知ることができない」とのことをお話しあそばしていただきましたそうで、両陛下の深い思し召しをいただき、それより毎週、御所で御覧あそばします内外のニュース映画を拝見させていただくことになりました。

読売、毎日各新聞社など日本のニュースの他に、ワールド、フォックスなど外国のニュース映画も引き続き拝見させていただきました。四季折々の美しい風景、外国の珍しい話題、そして時には映画なども拝見させていただきました。

日本のニュースは、国会の様子や、週間内に起きた事件など、どの映画会社も皆同じところをニュースにしますので、それぞれ三回拝見することになります。同じ映像ながら、カメラのアングルで各社がそれぞれに違いがあり、それもまた一興でございます。

吹上御所では、両陛下のお側近く侍従さんのお後ろにお席をいただきまして、誠にありがたく、もったいないような一時間でございました。

三上内掌典はじめ、当時勤めておりました今大路、谷、赤崎と四人揃いまして、賢所のお夕けの御用を済まさせていただいて後、御所に伺います。暑い時も寒い日にも必ず急いで伺いましたが、遅くなりました時には私どものために開始をお待ちあそばしていただきましたそうでございます。

ホールに着いて、ただただ深くお辞儀を致します内掌典に、「来たか」とでも思し召すような両陛下の温かい御眼差しに、さらに深く頭を下げましてございます。

ニュース映画の他に、いろいろな記録映画や毎年の芸術祭参加作品の感動物語や、チャップリンの映画も何巻か、日を替え拝見しましたり、『十戒』、『黒部の太陽』なども拝見させていただきました。浩宮《ひろのみや》様（現皇太子殿下）がまだお小さいころご一緒に『一〇一匹わんちゃん』を拝見したのが、昨日のことのようでございます。

ある時は、陛下が御研究あそばします「うみうし」や「ヒドロゾア」などの学術的な記録映画を拝見させていただきました。見終わりました後で、「内掌典は分かっただろうか？」と皇后様にお話しあそばしおいでになりましたことを、当直の女官さんから伺いました。陛下のお心遣い誠にありがたいことでございます。

陛下の御心に触れさせていただきます時

ある時、三上様と私で外出させていただきました折に、賢所通用門にさしかかると警手さんから「いま、陛下が吹上御所にお帰りになりますので、もうすぐここをお通りになります」と教えられました。

もしかして警手さんは、「早く賢所の御門の内に入るように」と注意をされたのかもしれません。けれども、二人して通用門内より、お通りあそばす陛下をお見上げさせていただきましてございます。

陛下は「おひろい（お歩き）」あそばして、侍従さんと警衛がお供の、本当の内々のお出ましでございまして、通り過ぎあそばします時、深くお辞儀申し上げました。

その日にたまたま三上内掌典が御所へお電話を申し上げる用がございまして、お電話申し上げたところ、お受けあそばしました女官さんが、「先ほど御上が宮殿からお帰りあそばしまして、『いま、賢所のところで内掌典がいたよ』と皇后様にお話しあそばしてました」と伺い、三上様は電話口で深々と恐れ入っておいでになりました。

陛下は真っ直ぐにおひろいあそばしますだけだと存じましたのに、御覧あそばしていただきました幸せに、二人して感極まりましてございます。

昭和六十三年、昭和天皇御製〈皇居道灌堀にて〉

夏たけて堀の蓮の花みつつ
ほとけのおしえおもう朝かな

皇居の夏は水辺の植物が賑わい、道灌堀には蓮の群落がいっぱいに花を広げ、七月下旬から八月にかけて薄桃色や白の蓮の花が美しく咲き盛ります。その情景を思し召しました、陛下御晩年の尊い御製でございます。

極楽には蓮の花がたくさん咲いていると申します。恐れながら陛下は、どのように思し召して御覧あそばしますのでしょうか。

至尊《しそん》のお方様でおいであそばしながら、お釈迦様を、仏道をお重ねあそばして蓮の花の咲き満ちる道灌堀に極楽のお光を御覧あそばしましたのでございましょうか。天子様の御高徳を御身にお備えあそばしながら、なお、仏の道をお求めあそばすのでございましょうか。

恐れ入りながら、深い思いに馳せさせていただきます御晩年の尊い御製に存じ上げました。

平成五年ごろでございます。

麗澤《れいたく》大学の細川幹夫《ほそかわみきお》先生が賢所においでいただいた折、道灌堀近くを御案内させていただきました。この時、先の御製のことを申し上げておりましたら、後日お手紙をいただきまして、「歴代天皇様の真の御精神を示す誠に貴重なお話でございました」とお喜びいただき、思いがけず貴重なお話を伺いました。

仏教の伝来以来、天皇様や皇子、王子様たちは神道と儒教、仏教の融合に努力されました。

「十七条憲法の第一条に『和を以って貴しとなす』とありますが、この考え方は仏教思想だという考え方があります。しかしそれは、天皇家に伝わる伝統的な精神、古来からの固有の思想と私は思います。遠い昔には尊いお方様のお力によって、神社とお寺が建てられ、家庭では神様と仏様をそれぞれお祀りしています。歴代天皇様は国家精神の中心として、国家統一と平和の確立のために外来の儒教や仏教とのおおらかな融合の努力をあそばし、この精神こそが大和の心であり日本精神の源流を作り、すべての異文化を日本文化として同化する風土を生み出した」

との細川先生のお考えを伺いました。

私が、「道灌堀の蓮の花を御覧あそばしまして仏の教えを思うと思し召します御製でございますが、この上なく尊い天皇様においであそばしながら、なお仏道をお極めあそばしますのが不思議でございます」と申し上げましたことに対する深い御考察を、心込めて御丁寧にお答えいただきました。

お陰さまで歴代天皇様と御同様に陛下の尊い大御心の御内に、自ら仏の道もまたお備わりあそばしますからこそ、お詠みあそばしました御製と拝察《はいさつ》させていただくことができましてございます。

遠い昔の歴史の皇室の尊さを、一片ながらいまにして深く伺うことのできました細川先生のお教えを、心から感謝しております。

なお、細川先生の御子息、細川和夫《かずお》様は、平成の御大礼の時、臨時の掌典補として御奉仕され、また、和夫様の妹さんは、平成三年から二年間、雑仕《ざっし》として賢所にひたすらに勤められ、内掌典と親身の思いで日々温かい心通わせお世話になりました細川実希子《みきこ》さんでございます。

那須御用邸にて

昭和五十年ごろ、夏でございました。

両陛下が那須に御滞在の時、内掌典もお召しいただきました。誠に存じよりもせぬことでございました。当時勤めておりました四人を、三上内掌典と私、今大路内掌典と赤崎内掌典の二組にわけ、時期をずらしてうかがいました。

那須までの列車の切符を侍従職からいただき、緊張しながらもありがたく、嬉しさいっぱいで、上野駅から黒磯駅へ、そしてお迎えいただきました侍従職の車で御用邸に着き、お広間にお出ましいただきました皇后様にお辞儀をさせていただきまして、三上内掌典が厚く御礼を申し上げました。

眼の前の皇后様からお温かくお優しいお言葉をいただきまして、ただありがたくて夢中でございましたことのみ覚えております。

御用邸の御内を女嬬《にょじゅ》さんに御案内いただき、御庭も拝見させていただきました。自然の風光の中に草木が茂り、静かな清水の流れの側に白い羽を広げたような「さぎ草」が咲いてございました。

御用邸に続きますすぐ側のお宿にて、夕べには温泉に入り、二人してゆっくり休ませていただきました。

翌日もまた侍従職のお方にお車で御案内いただきまして、嚶鳴亭《おうめいてい》に行き、見渡します美しい自然の山の風景を満喫させていただき、茶臼山を望み、野生の馬がいます山の小道も歩かせていただきました。熊牧場や遊園地にも寄って思う存分に那須御用邸のお周りを拝見して楽しませていただきましてございます。

昼食には、御用邸で結構にお料理のお膳をいただきまして恐れ入るばかりで、思し召しただだありがたく、言葉に尽くすことができませんでした。

午後、時も過ぎて、お心よくお世話いただきました女官さん、女嬬さん、侍従職のお方々に温かくお見送りいただき、お名残り惜しみながら帰途につきました。

このようなもったいないお召しをいただきましたありがたさ、それは賢所にお勤めさせていただきますからこそでございます。帰参の翌朝、賢所様によくよく御礼を申し上げましてございます。

両陛下の言葉では申し上げられませぬ結構な思し召しいただきますありがたさに、三上様は、「両陛下からいただきますお温かい思し召しこそが内掌典の生き甲斐でございます」と女官さんに御礼を申し上げられましてございます。

昭和の御代に両陛下より数え切れませぬほどにいただきました思し召しを、昨日のことのようにありがたく思い浮かべております。

陛下御入院

昭和六十二年九月下旬、宮内庁病院にて医師団の人事を尽くされたお手術は成功され、御機嫌よう御退院あそばしましてより、私ども内掌典は日々の御祈念のなおその上に、「どうぞ今日も御機嫌ようならせられますように。少しでも御快方に向かいあそばしますように」と御前にお願い申し上げますばかりでございました。

長く上席を勤められました三上様はもう御退職にておいであそばしませず、凡人の私には大変に難しい御役でございましたが、一所懸命に申し入れ、御祈念申し上げました。

内掌典はテレビや新聞で日夜御病状を知り、少しでも落ち着きあそばしますのを伺いましては胸を撫でおろしましてございます。点滴だけの栄養や、輸血ばかりの毎日はさぞやお辛い御事と存じ上げつつ、少しでもお静かにあそばしますようにと御前で御祈念申し上げました。

お夕けの御用に御殿に上がります時、御燈《ごとう》のお明りの中で、陛下はいま高天原から天孫降臨の神話そのままにスメラミコトのお勤めをあそばして、計り知れませずお温かいお優しい賢所様の御加護をお戴きあそばしながら、ただお静かにお休みあそばしまして、御光射す天照大神《あまてらすおおみかみ》様のお側にお近づきあそばしますような厳《おごそ》かな御気をさえ感じましてございます。

たくさんの人が記帳に来られ、二重橋や坂下門の前で御平癒《へいゆ》をお祈りしながら手を合わす人々の姿に感動しながら、私ども内掌典もまた一所懸命に御祈念を申し上げてございます。

陛下崩御

日々御祈念なお申し上げながら、年末年始の御用を終えました昭和六十四年一月七日早朝、崩御の報を掌典職《しょうてんしょく》から伺いました。

少しでも御機嫌ようならせられますようにお祈り申し上げました陛下の崩御。不思議な御力をお戴きあそばしまして、長い時を経て静かに神去りあそばしました。感無量にてただただ畏れ入りながら手を合わせましてございます。

平成元年二月二十四日、御大喪

宮殿から轜車《じしゃ》に召される御様子をテレビで伺いながら、ひたすらに賢所様をお護り申し上げ、陛下の御寿命の御長久《ちょうきゅう》をただ御祈念申し上げた四十年間を思いましてございます。

内掌典に常に御心をおかけいただきましたありがたい思し召し、尊い御姿を眼前に戴きました感動の時、数え切れませぬありがたい思い出の数々が急に胸にいっぱい迫ってまいりました。御慈父のような熱い思いに、もうお帰りあそばしますことのございませぬ御柩《ひつぎ》の中の陛下がおいたわしくて涙が流れ、ただ手を合わせましてございます。

崩御後は掌典職のお方は、宮殿で御霊《おみたま》を御祭り申し上げます権殿の御用をあそばします。その当日は、賢所には上がりませず、翌日お清めをお済みあそばしましてから後、賢所の御用をされましてございます。

昭和天皇様御崩御の後、直ちにお仕度あそばしまして、賢所では「新帝様御践祚奉告《しんていさまごせんそほうこく》の御祭（御践祚とは、皇嗣《こうし》が天皇陛下の位を受け継ぐこと。先帝崩御の直後に行われる）」が二時間後に御三殿でお始まりになり、それより三日間、御践祚の御祭が続きます。

そして、一月七日より内掌典は、日々新帝様と皇族様の御祈念を申し上げますが、御所はそれより一年間、喪に服するため賢所と関係を絶ち、お近づきあそばしませんでした。日々の陛下の御三殿御代拝もこの一年間は侍従さんではございませず、掌典さんが毎朝、御拝礼あそばしましてございます。

香淳皇后様崩御

平成十二年六月十六日、誠に存じよりませぬ大宮様の崩御でございました。

平成の御代に移りましてからも、日々大宮様御機嫌ようならせられますようにと御祈念申し上げました。五十余年の間、毎朝夕、御祈念申し上げました。誠に淋しく悲しゅうございました。

平成十二年七月二十五日、香淳皇后様の「斂葬《れんそう》の儀」を、皇居お出ましの時からの御様子をテレビで拝見致しました。

粛々とお行列をなして御祭場へお発ちあそばします大宮様、再び皇居へお帰りあそばしますことはなく、いまよりは昭和天皇様のお側にならせられます。万感胸に迫りながら言葉もございませず感無量でございました。

内掌典にいただきました御慈愛を思い、御尊影を拝しながら、これよりは御静謐《せいひつ》にあらせられますようにと手を合わせましてございます。

当日は突然降りました雨、誠に不思議な暴風雨でございました。

内掌典はただただ賢所様をお護り申し上げますため、毎日身を清め、御用をさせていただきますのみで、御大喪の時、宮中喪の間、御所はまったく御縁をお断ちあそばしましてございます。お滞りなく御丁重に御大喪の御儀が行われましたのは、ただひたすらにお力を注がれました掌典職の皆様、ならびにお係のお方々の無心の真心でございます。

香淳皇后様も昭和天皇様御同様に、一年間を権殿《ごんでん》で御祭りあそばして、翌年六月、皇霊殿にお入りあそばしましてございます。

香淳皇后様御崩御から一年後、私は賢所を後にしたのでございます。

第十二章

御大礼

御大礼までの一年間

平成元年に移りますと、御大礼のお仕度に掌典職《しょうてんしょく》は庁舎掌典職室にて、また、賢所《けんしょ》掌典補候所《こうしょ》で誠に日夜をいとわず夜の明けますまでも会議し計画を立て、大正、昭和御大礼の伝統を護って、お滞りなくお済みあそばしますことを願って活躍が始まりました。

その中で内掌典《ないしょうてん》も、御大礼までの一年間に御三殿の中の御机や御屏風、また、賢所にお備えの御唐櫃《からひつ》、御供米《おくま》箱、御盃土器などを入れます箱、また御燈《ごとう》のお油道具、お箱を載せます台等々、皆御世代わりにつきお取り替えになりますのを、五人が一つ心でただ一所懸命にさせていただきましてございます。

その時に勤めていましたのは、千葉冬子、橋爪かおり、下田博子各内掌典と私、新任の土屋厚子内掌典の五人でございました。

大正、昭和時代と寸分たがいませぬお道具類を業者に発注し、新しい御品が夏から冬にかけて徐々に納まりました。

木の香りも新しい檜の品々は掌典補がお祓い申し上げ、さらに、御殿お清流しの清いお水を麻のお布巾に浸し、大御饌殿《おおみけでん》にて隅々まで丁寧にお拭い申し上げてお清め致し、お取り替え申し上げました。

六十四年前、昭和の初めにお御世代わりにて取り揃えられましたこれら白木のお道具は、毎日麻のお布巾でお拭い申し上げて黒く光り、畏れ多いほどに落ち着きあそばし、御内陣《ごないじん》は尊さに満ちてございました。

御内陣の御机、御唐櫃、お箱等々、六十四年間、先輩の内掌典がみがき上げられました御品々に言葉に尽くせませぬ愛着を覚えておりますのを、昭和の御代のお別れに万感の思いを込めながらお取り替え申し上げました。

真新しい白木のお道具が清々しく、平成元年の終わりにはすっかりお取り替えのできましたその時、一番奥で少し暗い御内陣の御様子が、いままでと違って明るく、まるで御新居のようにお変わりあそばしましてございます。不思議でございました。

大正、昭和の御代の初めに新しくお変わりあそばしました御内陣が、次第に神さびあそばし、平成の御代に新しく変わりあそばしました御内陣は、昭和の初めとご同様に神様の新しいお住まいにお成りあそばしまして、恐れながら賢所様はなお明るくお輝きあそばし、御静謐《ごせいひつ》にあらせられますように拝ませていただきましてございます。真新しいお道具に囲まれた御前に座し、新帝様の万々年までも御繁栄あらせられますことを、日々、朝に夕に御祈念申し上げます内掌典でございます。

昭和の御大礼をひたすらに研鑽されました方々の努力によって、御内陣は遠い昔と同じ御品々が揃い、内掌典五人が心を一つにしてお御世代わりのお取り替えを申し上げます、一年がかりの御大礼前の大事な御用でございました。当時勤めました私ども五人だけの深い思い出でございます。

御大礼のこと

内掌典も御奉仕させていただきますお御世代わりの諸儀を簡単に申し上げます。

- 平成二年一月二十三日、御大礼期日奉告《たいれいきじつほうこく》の儀
賢所、皇霊殿《こうれいでん》、神殿《しんでん》の御三殿に両陛下御拝《ごはい》、これよりおめでたく御大礼の準備が始まります。
- 同年二月八日、斎田点定《さいでんてんてい》の儀

神殿前庭にて亀甲を焼いて割け方によって斎田を卜定《ぼくじょう》します。

・同年十一月十二日、即位礼当日、賢所大前の儀、皇霊殿、神殿に奉告の儀
御上《おかみ》、帛御袍《はくのごほう》にて、即位の礼を行わせられますことを奉告あそばして、皇后様も御大礼のみにお召しあそばします白い御装束、御五衣《おいつつぎ》の御装い尊く御拝、皇族諸員多く参列されます。

・同年十一月二十一日、大嘗祭前一日鎮魂祭《だいじょうさいぜんいちにちちんこんさい》
綾綺殿《りようきでん》にて宇気槽《うけぶね》。内掌典御奉仕。

・同年十一月二十二日、大嘗祭当日、賢所大御饌供進《きようしん》の儀、皇霊殿、神殿奉告の儀

・同年十一月二十二日夕から二十三日未明、大嘗祭

・同年十二月六日、賢所皇霊殿、神殿に親謁《しんえつ》

・同年十二月六日夕、賢所御神楽

平成二年期日奉告の儀から始まります賢所の御祭《おまつり》だけでもこのように次々と行われ、伊勢神宮、また、天皇御陵に御勅使を遣わされる御祭など数々の諸儀がございます。昔ながらの二十余りの御即位の御祭儀のために、身を清め白衣に身を包んだ掌典補が御神饌《ごしんせん》の調理に日夜をいとわずただひたすら、明るく賑やかに御奉仕されますその活気に満ちた努力の姿は、まさしく神様の世界のようでございました。

御即位当日、賢所の御祭儀には掌典、掌典補は常態の白い祭服と異なり、尊い色の束帯または衣冠単《いかんひとえ》と申します装束を着けられ、内掌典も袿袴《けいこ》を着用して御奉仕させていただきました。

このおめでたい御祭に、賢所大前に御鈴《おすず》を上げさせていただきましてございます。ただ畏れ入りながら夢中にて冥利に尽きる幸せでございました。

大嘗祭当日には掌典長はじめ掌典の方々は、大嘗祭の時にのみお着けあそばします小忌衣《おみごろも》と申します御衣を束帯の上からお召しあそばします。大嘗宮《だいじょうぐう》へお出ましの掌典長はじめ掌典様皆様の尊いお姿を思いまして、私どももまた心浮き立ちましてございました。

当日も内掌典は賢所御三殿をお護り申し上げ、大嘗宮での御用はございません。ただ、大嘗宮にて陛下のお側で御用あそばします陪膳《ばいぜん》、後取《しんどり》と申し上げますお役目の采《うね》女《め》（女官）が、滞りなくおめでとう御用の勤められますように、御祈念申し上げましてございます。その時お供えしました御供米を采女さんに差し上げますために大嘗宮へまいります。

采女候所の外側で、お美しく采女さんの装束をお召しあそばしました陪膳、後取のお役の采女さんに御供米を御披露申し上げます。

お二方の采女さんは、御祈念申し上げまして御神霊のこもります御供米をお手に受けられ、押し戴きあそばして、そのまま御祭儀にお進みあそばします。天孫降臨の原点にお返りあそばします儀礼の中に、天照大神《あまてらすおおみかみ》様の御神徳をお戴きあそばします天皇様の御親祭にお仕えになります采女さんのお姿でございます。なお、采女さんは新《にい》嘗祭《なめさい》でも同じように御供米をお戴きあそばしましてお進みあそばします。

第十三章

今上陛下・皇后陛下のこと

御成婚

昭和三十四年四月十日、今上陛下・皇后陛下が東宮《とうぐう》様の御時、御成婚の佳き日でございます。

東宮便殿《びんでん》に御到着の時のお仕度相整い、御三殿前庭には御参列の大勢の方々のお席も準備され、御神饌《ごしんせん》もすべてが用意完了してその晴れの日を迎えました。

華やいだ朝、掌典長以下による御奉告の御祭《おまつり》に続いて、東宮便殿に東宮様、美智子《みちこ》様をお迎え申し上げました。

その後、多数の参列者が幄舎《あくしゃ》でお見守りあそばします中を、甘露寺掌典長の御先導にて賢所《けんしょ》へお進みあそばし、御成婚の儀が執り行われました。

この時、三上内掌典《ないしょうてん》は御内陣《ごないじん》で御奉仕、今大路内掌典と私の二人は候所《こうしょ》のテレビで拝見致しました。

賢所のすぐお後ろにあります候所で、御殿にお進みあそばしますところをテレビで拝見致しますのが、なんとも不思議でございました。

賢所を写真にいただきますことさえ許されていませんのに、この時初めてテレビカメラが賢所お構内に入ったのでございます。これも時代の変化を象徴した出来事でございました。

美智子様は、賢所の御様子は何も御承知ないまま、この日初めて賢所にお上がりあそばしました。予行演習などはございませず、御髪《おぐし》をおすべらかしに上げられ、十二単の御装束をお召しあそばしました美智子様は、まったく初めてでこの晴れがましい御主役のおめでたい御大儀に臨まれましてございます。

幄舎から参列の宮様方はじめ、宮内庁長官以下お偉いお方様、正田《しょうだ》様御親族の方々が御注目の中を、御高欄の御縁から賢所様にお進みになります御心境はいかばかりかと、テレビを通じてお案じ申し上げた私どもでございました。

賢所のお内での御成婚の御儀を滞りなくおめでたくお済みあそばして後、皇霊殿《こうれいでん》、神殿《しんでん》にも御奉告の御拝《ごはい》をあそばしてございます。

誠におめでたい御盛儀でございました。

賢所で御成婚の儀お済みあそばした後は、ただちに妃殿下の潔斎所《けっさい》でおすべらかしの御髪をお清《す》ましあそばし、お召し替えにて「朝見《ちょうけん》の儀」にお臨みあそばしました御事と伺いましてございます。

御成婚四十周年

両陛下御成婚から四十年後の平成十一年十月、御成婚四十周年記念音楽会が東御苑の桃華楽堂《とうかがくどう》で催されました。四十年前の御縁深い大勢のお客様の中にありがたいことに私もお招きいただき、東園基文《もとふみ》前掌典長のお側の席で陪聴《ばいちょう》させていただきました。

皇宮警察吹奏楽隊の奉祝の演奏、皇后様御作の御歌の独唱などを拝聴させていただきました。また、沖縄へ行幸啓《ぎょうこうけい》の御時、御上《おかみ》のお作詩に皇后様が曲をお作りあそばしましたお歌で、沖縄民謡調の誠に心に沁みます美しい旋律でございました。

御成婚当日、皇居から東宮御所まで初めてお揃いでお帰りあそばします時、馬車のパレードが通過されました上智大学校舎前で聖歌隊が慶祝に歌った「ハレルヤ」の再現などもございまして、どれもすばらしく感動致しました。

その後、宮様方もおでましのロビーで、鎌倉節《かまくらさだめ》宮内庁長官のお祝詞《しゅくじ》をお受けあそばしました後、目の前にお立ちいただきました両陛下に、「今日はおめでとうございます」と申し上げましたが、今日はお召しいただきまして恐れ入りましてございます。

いただきましたお言葉もただただありがたく、感極まりましたことを忘れることはできません。

御成婚の御時よりいろいろの御事にお耐えあそばし、おめでたくお迎えあそばしました四十年目の佳き日、天皇陛下にお寄りそいあそばします皇后様の美しい御姿に御光を拝しましてございます。

陛下御在位十周年

平成十一年十一月十二日、天皇陛下御在位十年につき、御三殿での御祭典がございました。

御上御拝、皇后様、東宮様も御装束をお召しあそばし、御拝おめでたく滞りなくお済みあそばしましてございます。

十年前の十一月十二日、御即位につき、賢所大前の儀の御盛儀に御拝の時、御内陣の御用勤めをさせていただき、このたびのおめでたい御祭にも同じように御鈴《おすず》の儀をさせていただきました。ただ夢中で、謹みて御鈴を上げましてございます。感無量にて一生の幸せでございました。

御大礼から早十年が過ぎ、御祭の度ごとに御拝に御用勤めさせていただきますのは、誠に冥利につきるもったいないことでございます。

掌典長のご先導にて、綾綺殿《りようきでん》から御殿へお上がりあそばします御時、御拝廊下のお莚道《えんどう》の上をお進みあそばします陛下の御装束の御歩みの御音《おみおと》が、誠に昭和天皇様と同じお響きにてあらせられますのを伺います時、昭和天皇様がそのまま今上陛下にあらせられますようにさえ思い、身の引き締まりますのを覚えましてございます。

御成婚の時は、私が上がりましてから十七年目、三十五歳の四月でございました。それから四十年間、私も相変わりませずお勤めさせていただき、御成婚四十周年を迎えさせていただきましたのが夢のようでございます。

さらに、御在位十年の御祭典でも御用を勤めさせていただきました平成十一年は、上がりましてから五十五年目、七十五歳の秋の吉日、おめでたい佳き日を仰がせていただきまして、過日を偲びながら幸せの深い感慨にひたりましてございます。

宮様の御結婚、御降嫁

平成六年六月、東宮様の御成婚がおめでたく執り行われました。

その前には秋篠宮《あきしののみや》様、常陸宮《ひたちのみや》様、三笠宮寛仁《みかさのみやともひと》殿下、高円宮《たかまどのみや》様方の御婚儀も賢所の大前でおめでたく執り行われました。

また、照宮《てるのみや》様が東久邇宮《ひがしくにのみや》様との御結婚の御時は、私の上がりました昭和十八年でございまして、賢所大前でおめでたく御結婚式がございました。

一方、孝宮《たかのみや》様、順宮《よりのみや》様、清宮《すがのみや》様は、臣家にお嫁ぎあそばしますために、御降嫁の御奉告の御祭が執り行われ、御三殿に御拝あそばしました。三笠宮甯子《みかさのみややすこ》様、容子《まさこ》様もまた御降嫁の御奉告祭にて御三殿に皇族としてのお別れの御奉告に御拝あそばしましてございます。

御結婚あそばしましておめでたく妃殿下にお上がりあそばしますお方様と、内親王《ないしんのう》様として御誕生あそばしまして臣家にお降りあそばしますお方様の御慶事に御奉仕させていただきました。

三笠宮甯子内親王様の御降嫁御奉告の御祭儀が終わり、掌典の大玄関奥の広間にて、御小袿《こうちき》をお召しあそばしましてお美しい御装束の甯子内親王様のお姿を、撮影致しました。その時、高松宮《たかまつのみや》様両殿下、三笠宮妃殿下はじめ関係のお方様が、最高にお美しいお晴れの写真でございますようにとお声も弾み、皆様おめでたく華やいでおいであそばします。その広間の外、畳廊下の片隅でそっとハンカチを目頭にお当てあそばしますモーニング姿の三笠宮様を偶然お見上げ致しました。

内親王様が嫁がれお離れあそばしますお淋しさでございましょうか。それとも、皇室にもっとも近い近衛《このえ》家にお嫁ぎあそばします幸せをお慶びあそばしながら、なお、慈愛に満ちた御父君様の親心にておいであそばしますのでございましょうか。温かいお姿に私もまた熱い思いに浸りながら、そっとその場を離れましてございます。

第十四章

賢所の四季

賢所《けんしょ》の冬景色

東京に、たまに降る雪の、何とも申せませぬ美しさ。御三殿の銅のお屋根や広い御前庭にシンシンと降る小雪、また、強い風に吹かれて横なぐりの吹雪、時には大きなぼたん雪が静かに降って、見渡す限り白く霞んでだんだんと積もり、やがて解けて消えてゆく風景など、御殿の御縁から見はるかす風情は、自ずから身の内まで清められる思いが致します。

真っ白に積もりました白雪の清々しい風光を、神様もきっと面白くお眺めあそばします御事と存じ上げます。

雪も止んで、御代拝のお通り道だけ真っ直ぐに雪除けされ、時に陽の照り輝く白銀の御前庭は、少しずつ光の動くまま暖まった所から次第に溶けて、白砂が徐々に現れてゆきますのも、また趣がございます。

吹雪いた時など、朝早く御殿に上がると、御縁や御高欄にまで雪が積もって真っ白になり、当直の掌典補とともに掃き除きますのは、ちょっと苦労でございました。

御三殿のお屋根に十～二十センチも雪が積もった年もございました。折から晴れた日の暖かさに耐えられず、「ドドー」とすべり落ちる雪崩の音のすさまじく、また、お屋根の北側から落ちた雪は、それから半月以上なかなかに溶けませぬまま、夕べには凍ってなお寒さをさそう賢所特有の雪の名残りでございます。

若い時に、遠い昔の童心に返り、丸いお盆の上に雪を半円形に盛り固めて、中壺《なかつぼ》の南天の赤い実を眼に、葉を耳にして、ウサギをこしらえて遊び、御覧にいれました上のお方様に笑われたこともございました。

若い内掌典《ないしょうてん》はおさえの髪を上げたまま、積もったお玄関広前の雪の中で、雪だるまをこしらえて炭を目鼻口にはめ込み、ポリバケツを帽子にかぶせて大はしゃぎ。御殿に上がる着物のままでございますので、さすがに雪合戦はその勇気がございませんでした。

降り積む雪も止みました御祭《おまつり》の後のある日でございました。元気のいい若い出仕さんたちが白衣のままおおはしゃぎで、背丈より高く雪を盛り上げ、カマクラをこしらえて大喜びでございました。内をくり抜いて腰をかがめれば中に入れるほどに、本格ございました。

新嘗祭《にいなめさい》の行われます神嘉殿《しんかでん》の前庭で、真っ白に積もった雪庭のほんの片隅でございます。

これを御覧になりました祭事課長さんが「ここは御神域。カマクラは神様を祭って祝うものだからここに作ってはいかん」と一言。珍しく降り積もった大雪を盛り上げていますだけで、蠟燭の火で神様をお迎えするなど決して思ってもいませぬ戯《ざ》れ事でございますのに、結局、若い出仕さんはしゅんとして黙々と壊しにかかりました。かわいそうな出仕さんをじっと眺めた雪の日のことがいまも忘れられません。

一月〆の内の御用（一月一日〜十五日）もようやく終わりますころ、寒に入り厳しい寒さの中、来る春を待つ賢所東外の道灌堀の土手に、寒中の「蕗のとう」がうす緑の頭を土から出していました。

せっかく芽を出し始めた初々しい姿を見つけて、なんだか採るのはもったいないと思いながらも、やっぱり七つ八つ摘みました。

蕗のとうはさっと洗って水気を切り、刻んで「おしたじ（お醬油）」をかけ、温かいご飯にのせていただきます。その香りのよさ、ほろ苦い特有の美味しさが大好きでございます。また、刻んだままをお味噌汁に浮かべて早春の香りを味わうのも格別でございます。だんだんと土手の蕗のとうが数を増やしてきた時には、摘んできておしたじとお砂糖と少々の日本酒を入れて、候所《こうしょ》のお火鉢でお汁のなくなるまでつくだ煮風に炊き上げましたり、お清所《きよどこ》で天ぷらに揚げてもらったりし、御所自生の香りを満喫できますのが誠に幸せでございました。

梅

過ぎし年には、お野菜を車に載せて、賢所通用門の中まで商いに来てくれます親切な八百屋の夫婦が神田（東京）におりました。

その車は宿直の皇宮警察の宿舎、御所の女嬬《にょじゅ》さんのお局、雑仕《ざつし》の宿舎、また、宮内庁病院も回りました。

戦後数年経てようやく世の中が落ち着いてきた時でございました。八百屋の主人から年末に鉢植えの梅の木をお歳暮にもらいました。翌年のお正月早々、小さな鉢の中ながら共植えの福寿草の黄色い花とともに梅の花が美しく咲き匂いました。

手入れが上手にできませぬながら、植木鉢の底の水はけ口から根が外に出るほどに伸びて、葉は茂り、冬には梅の花を楽しませてくれました。

あんまり生長してしまい、かわいそうになって土に降ろして植え替えますと、さらに大きく育って、数年後にはもう人の背丈も越して枝を伸ばすようになりました。毎年の新年が明けるころには可愛い丸いつぼみがいっぱいに枝について、早春には見事に花開き、ほんのりと梅の香りが漂いますのは、綾綺殿《りょうきでん》の御門を入って東側お木戸の外に、鉢より出して植え替えました二本の梅でございました。そして、賢所お構えの外の道からも高く枝いっぱいに咲き匂う白梅の梢が見えて、桜と見違えるほどに美しゅうございました。

また、候所東側のお清庭には、知人からもらいました松と梅と福寿草の寄せ植えの鉢の八重梅の小さな木を植え替えました。だんだんと枝を伸ばして年毎に桃色の濃い八重の梅が咲き匂いますようになり、候所の東廊下の櫺子《れんじ》窓の障子《しょうじ》を開けて、毎朝眺めて御殿に上がりますのがなにより楽しみになりました。時には庭に降りて、梅の木の下でいつまでもただ眺めやり、春の香りに身を託しましてございます。

梅の木は毎年伸び伸びと生長して、来る年ごとに美しい花が春を告げます。そして、八重の梅の木の側に、庭園のお方にこしらえていただきました竹垣が風流でございました。その生垣には、一年中青い艶のある葉をつけた沈丁花が支えにもたれかけていました。

三月になりますと、沈丁花は真っ白い小さい花が手まりのように集まって、枝先の青い葉の間に高い香りを放ってたくさんに咲き揃い、そのあたりに甘い香りが漂いますうち、盛りが過ぎますころ、垣根の隣には連翹《れんぎょう》が細い枝全体に黄色いお花をいっぱいつけて鮮やかに咲いています。

ピンクの八重の花がほのかな梅の匂いを残し、やがて沈丁花の白い花は高貴な香りをたたえ、黄色い連翹の花に移り行きます。桃、白、黄色の春のさわやかなお花を眺め、心浮き立ちながら、賢所も春に向かいましてございます。

白い沈丁花、連翹は、昭和の時代、雪井女官様からお局に咲きましたのを株分けしていただいたものでございます。

桜

毎朝御殿に上がります時、候所東側畳廊下のお窓の障子を開けますと、綾綺殿前のお築地塀の上から桜並木が見えます。三月下旬ごろになりますと、その梢がなんとなく赤みを帯びて、今年もまた花の盛りを思い、心華やぐころとなります。

春の陽に誘われて外に出ますと、まず綾綺殿御門の向かい側にソメイヨシノの古木が、今年もまた新しい花を咲かせ始めます。

賢所外東側より新宮殿までの広いお道の両側に植えられました、桜並木の手前にある古木でございます。

天空に穏やかに伸び、横に広がる枝の先端は土につきそうで、何とも言えませぬ重みを感じます。まるで、「花咲爺さん」を思わせます大きい桜の木で、一斉に咲き揃う美しさは言葉に表せませぬほどでございます。

私が上がりましたころには、もうその太い古木の幹の根元は洞穴のように、内が朽ちてございました。梢まで水分をどうして吸い上げますのか、古木の生命が不思議でございました。

ずいぶん前のことでございます。

その朽ちた空洞に芽生えのような硬い草のようなものが生えていたのを見つけました。それは、古木の親木のその内から生えた新芽。誰かに抜かれることもなくだんだん伸び、新芽は古木の生命を受け継いで洞穴の中から一本の桜の木に生長していきました。そしていま、親木に合流し、枝を広げ、見事な桜の木を形成して、古木に咲く花とともに区別のできないほどに花の盛りを賑やかにしています。

この生長を誰が知っておられるのでしょうか。私が賢所に勤めさせていただきましてから芽生え、五十年間に独りで伸びてゆきました若木でございます。

いつまでもその見事な古木の姿をそのままに留め、親木を守りつつ美しい花を咲かせますようにと祈る熱い思いでございます。皇室の御繁栄とともに茂りますように。

桜並木にはいろいろな種類の桜が少しずつ時を違えて徐々に咲き匂います。ソメイヨシノの花盛りに続き、青葉とともに咲く山桜、白い花の咲き満ちる桜、薄桃色の八重桜が順々に咲き誇り、濃いピンクの手鞠《てまり》桜が少し遅れて咲いて、伸びた下枝は八重の手鞠をいっぱいつけて地に着くほどに重そうでございます。

咲き匂う様々のお花をじっと見守るかのように、賢所北門と東門の外の二本、白い花咲く桜は、太い幹に悠然と枝を広げて見事でございます。

北門の右には、濃いピンクの楊貴妃桜が艶やかに咲き誇り、左には花のシベのあたりのみほんのり紅さす珍しい薄緑色の御衣黄桜が、緑の葉とともに咲き匂い、綾綺殿のお築地塀を越してお内庭の白砂に映えて、楊貴妃桜と相対しています。

賢所東門の外で、ソメイヨシノの古木の前に、道を挟んで立派な薄桃色の花をつけた枝垂《しだれ》桜が咲きます。以前は、か細い麗人のように風に揺れていましたが、次第に幹が太くなって綺麗な小さな花を枝いっぱいにつけ、柔らかなそよ風を受けて春の日にしだれています。また、賢所正門の前にも美しい桜の大木が静かに咲きます。

春爛漫《らんまん》と申しますのでしょうか。次々と咲き匂う花の見事さは、言葉に表すことができません。

ふと見上げます雲ひとつない真昼の青空の上に、ほのかに白く真ん丸い月が見えて、満月が絵のように美しゅうございます。朔《ついたち》の日は、月が太陽と同じ方向にあって昼間の空を渡るのだそうでございます。

時には真綿のような柔らかい雲が、青い空にぽっかり浮かんで悠々として動かず、春うららの日、空のどんより曇る時には、静かに花の咲き匂って、佇むと心落ち着き、春雨に濡れた桜の花が、どうぞそのままで散りませぬようにと祈ったことでございました。

時折に吹く春風に誘われて、咲き満ちる桜の花が舞い散る時の風流、また、急に巻き起こる春の嵐に強い風を受けて散る花吹雪の見事さに、ふと立ち尽くします。

御所には種々の桜の名木がございます。その中で奥まりました賢所のお側で次々に咲く美しい桜。今年もまた同じ風景ながら、新しい見事な花の盛りを御所の春の風情の中に逢わせていただきます幸せは、何にたとえようもございません。ただただありがたく、その情景を一生心の鏡の中に留めて、散ることのございませぬ宝物にさせていただきましてございます。桜かざした大宮人になりましたような心満つ四月でございます。

中壺《なかつぼ》の柿の木

内掌典候所西側中壺には大きな柿の木がございます。

明治時代に植えられた柿の木が老いましたので、新しく大正時代に植えられました由にて、八十年以上にわたり、星移り人替わりました内掌典の歴史をじっと眺めた古い柿の木でございます。

中壺の地中いっぱいに太い根を張って生きています柿の大きな幹は、人の胸あたりの高さから二つに分かれて同じ太さで伸び伸びと、候所の廊下、大御饌殿《おおみけでん》のお屋根を越して枝を張り、毎年大きい柿が実ったものでございますが、茂った枝がお屋根にかかるたびごとに、お建物の破損を理由に無残に切られ、いまは二つに分かれた太い幹が棒立ち状態でございます。

それでも二本の幹から枝が伸びて、春になりますと新芽の薄緑がだんだんと若葉になり、柿の葉が中壺の天空に広がります。

葉陰に咲く淡い黄色の柿の花が、五月になりますと「ポトポト」と音を立てて無数に落ちてきて、庭一面を覆います。

ちょうど、鈴蘭の花のような色形で、掃き寄せますと「サラサラ」と音を立て、掃き残されました花は「コロコロ」と転げます。

この柿の花が中壺に落ちますと、いよいよ新緑の季節の到来を感じます。

太い柿の幹には「のきしのぶ」の青い葉が茂って垂れ下がっています。のきしのぶは大木の樹に宿って茂る植物の由でございます。

賢所お構えは四方木々に囲まれ、立派な常緑樹や落葉樹の若葉が五月の太陽の光を受けて輝き、また、五月雨に濡れて光ってございます。

濃い緑、薄緑の一つずつ違います木々の姿は、桜と違ってまた目の覚めるように美しゅうございます。日々御殿からその梢を眺めさせていただき、清々しい気分になります幸せをつくづく思いましてございます。

御殿に上がります時、遠くに聞こえる小鳥のさえずりは静けさを増し、時たま鶯の声も聞こえて耳を澄まします。

昭和時代には、不如帰《ほととぎす》の声も聞こえました。高い声で一声「テッペンカケタカ」と鳴くのだと、三上様に教えていただきました。鳴きながら飛び去るのでございましょうか、静かな緑の梢から響き渡るその声を耳にしたことも、貴重な思い出でございます。

五月の東御苑は「花菖蒲」が種々の色形を違えて咲き揃い、誠に美しゅうございます。花菖蒲のお池の側には大きな藤の木がございます。美しい薄紫の花房がいっぱい咲き揃って立派な藤棚から垂れ下がっていますのは誠に見事でございます。

このお花を拝見しようと、東御苑の休苑日、一般のお客様が誰もおりませぬ静かな御苑に、内掌典全員に雑仕二人を加え、候所を常直の掌典、掌典補にお願いして皆で出かけます。皇居の西から東へ、何より楽しみの遠足気分の大移動でございました。

前日から雑仕二人が、全員分の折入り二段重ねのお弁当を揃えてくださいました。

片方のお重には、ご飯にごまをかけたり、おすしを揃えたり、また、色のついたご飯や小さなおにぎりが並んでいる時もありました。

もう片方には、鳥の唐揚げや玉子焼き、小芋やお野菜を煮て、小さいシューマイ、お漬物など、どれも本当に心をこめてこしらえていただきました手作りでございます。美味しそうに綺麗に並べられたお弁当が楽しみでございました。

お冷茶もたっぷりとボトルに入れて、紙コップや紙のお皿、そして、ベンチに敷く新聞紙も用意して、持参してくださる心遣いがたまらなく嬉しゅうございました。

美しく咲き揃いました花菖蒲を拝見しながらの昼食は、何よりも美味しくて、雑仕にただただ感謝しながら、心ゆくまで楽しみましたひと時でございました。

時折、宮内庁職員のお方がお昼休みに花菖蒲をご覧にこられますのに会いました。「ギョッ」と驚かれることもございましたが、お顔見知りの方にはにこやかに迎えていただきまして、温かい思いが致しました。

お腹を満たしたら、見事に花房の垂れました藤棚の下を通り、池の周りを散策し、途中で鯉と遊び、ツツジの道を歩き、ゆっくりとお花を堪能《たんのう》します。若いお方は髪をおさえに上げたまま、丸袖の単衣の着物におひとえ帯にて、花菖蒲が五月の陽に輝く東御苑まで歩き、本丸天守閣跡から楽部を通ってハイキング気分で楽しませていただきました。初夏の幸せな一日でございます。

何年か前の五月二日、その日は連休中のことで、東御苑はお休みの日と思い込んで例のように楽しいお弁当を持って出かけました。内掌典一同でテクテク歩いて本丸跡の横入り口から警手さんにお願いして入れていただきましたら、その日は平日。休苑日ではございませず、大勢の人が御苑や本丸跡を拝見に来ていましてびっくり。楽しみのお昼のお弁当をいただきます場所もなく、結局、天守閣石垣の陰でひっそり会食して帰ったこともございました。

蛍のお宿

梅雨空に御殿の御縁からふと見上げますと、木々の梢は白く煙って深山《みやま》のようでございます。梅雨の晴れ間に青葉、若葉、また白雲もまばゆく照って爽やかでございます。

過ぎし年の夕べには、蛍が飛んでいるのを度々見かけました。時には候所の東側のお庭に、またある時は中壺に二つ三つ、闇夜に黄色い光を放ちながら飛び交い、木の間にとまって静かに「パッパッ」と光ってございました。

どこから飛んでくるのでございましょう。何とも言えませぬ懐かしさに童心に返り、滋賀県守山笠原にございます母の郷で、祖父が長い笹をそっと近づけて捕ってくれました昔を思い出しながら、静かに眺めたことでございました。

御所には蛍の名所がございます。乾門から入って桜並木の道、右側外庭東門に着くあたり、吹上御所へ上がります曲がり角あたりの土手には、春、美しく開く桜に映えて山吹の黄色い花が咲き乱れて美しゅうございます。その土手の細い流れが蛍のお宿でございます。

平成の初めのある日の夜、雑仕も一緒に皆で揃って蛍狩りに出かけました。光りながら飛び交うもの、あるいは、土手の下草にじっと止まるものあり、中には、手の上にも来ては去る蛍の静かな美しい躍動に、皆でそっと歓声をあげて楽しみました。

その中、一匹の蛍が千葉冬子内掌典の人指し指に止まりました。大きな明りを「ポッ」とつけたままじっと止まって動きませず、不思議に思っていますと、「あっ、お父さんだ」と千葉さんが喜びの声を上げました。

高校の先生をされておいでになりました冬子さんのお父様は、たくさんの教え子に慕われながら定年退職あそばしました翌年、ご病気でお亡くなりあそばしました。それが、つい一年前のことでございました。

手の上に止まって動かない蛍にお父様の御魂を思われたのでございましょう。何とも申し上げられませぬ思慕。再会叶えた優しい喜びの思いがこもって、私までも胸を詰まらせ、不思議なほどにいつまでも止まって飛びませぬ蛍の光を、冬子さんと肩を並べてともに熱い思いで見つめましてございます。

その蛍の里の端、外庭東門まで続く桜並木に並んで、夏椿の木がございます。沙羅双樹と申します、平家物語にも登場する木でございます。

この夏椿は、朝早く白い花が美しく咲いて、夕方にはその花がぽとりと落ちる一日花の由にて、葉陰にひっそりと咲くそうでございます。なかなかに朝早くそこまで行く折もなく、いまだ花を拝見したことはございません。

鈴虫

賢所では大正時代から鈴虫を飼っておられました。私が上がりましたころにも、鈴虫が前年秋に産卵したかめが三つ四つ、候所東側のお庭の片隅で冬を越していました。六月中ごろになりますとかめを候所に出し、かめの中に霧水を吹きかけて産卵した赤土を湿らせ、卵が孵りやすいように致します。

かめは高さ約三十センチ。一般には梅干やぬか漬けによく使われました茶色のかめでございます。

かめの底に赤土を入れ、周りには土より上三センチぐらいのところに美濃紙を張り巡らしておきます。かめの中は丸いので、美濃紙は丈七〜八センチ、幅五〜六センチぐらいに切り、小さくした紙の上と右端だけに糊をつけ、少しずつ重ね貼って一周致します。

時折、お水をかけて赤土を湿らせますと、七月の初めころには黒ゴマのような鈴虫が次々に卵から孵《かえ》ります。

卵から孵って生を受けた鈴虫の赤ちゃんには餌が必要です。キュウリを五ミリぐらいに輪切りにして三切れほど竹串に刺し、また、小鳥のすり餌を水で練り、竹べらに塗りつけて土に刺し、張り巡らせました紙にもたれかけさせておきます。

小さな鈴虫は、土や餌の養分を吸収しながら五ミリ〜一センチにと大きくなります。やがて髭も生えて、六本の足も胴も成長します。餌の竹べら、また、キュウリにとまって口を動かして食べる姿は可愛いございます。

七月末〜八月ころには、張り巡らせました美濃紙に、じっと下を向いて止まって少しずつゆっくり脱皮してゆきます。

真白な皮を残し、皮から抜け出た時の白いほどに透き通るような薄墨色の美しい成虫の翅、身、六本の足とその長い髭に感動を覚えましてございます。

脱皮を終えた瞬間、すぐに上向きになって、自分の脱いだ白い薄い皮をすっかり食べてしまいます。

食べ終わりましてしばらくすると、翅も体も艶やかに黒くなり、一匹の鈴虫は成虫に生まれ変わります。

鈴虫の不思議なまでの自然の条理を初めて教えられました。

美濃紙特有のすべりませぬ紙質が、脱皮の時、足を踏ん張ります支えになりますことを知り、昔のお方の賢明さに恐れ入りましてございます。

生まれ出ましたたくさんの鈴虫が、脱皮に命をかけて成虫になり、かめの中で賑やかに長い髭がぶつかり合うほどにいっぱいになりますと、また新しいかめを用意します。日に干して消毒致してふるいにかけました赤土に、少々の水を加えて湿らせて、底に入れ、床をこしらえ美濃紙を張った新居に分散してやります。

初めに成虫に孵りました鈴虫は、二つ三つ夜が更けたころから、「リーンリーン」と鳴き始めます。その美しい声は、陶器のかめに響くのでございましょうか。言葉では表すことのできませぬ奥ゆかしいまでに澄む綺麗な音でございます。

鈴虫が生まれてから秋まで、夜八時、御殿の御格子《みこし》を下ろしお正面をお閉め致します御用を終えて候所に戻りますと、そこは、鈴虫のお部屋になります。内掌典一同手分けして、新しくキュウリを切る人、串に刺す人、すり餌をつけた内の竹べらを取り除く人にそれぞれ分かれ、新しく付け替えた餌を入れ、霧吹きをかけて湿り気を与えます。

糞やなにかで美濃紙が汚れますので、時には紙を新しく張り替えて気持ちよい住処にしてやり、かめの口には特製の金網やもじ（御殿でお縄張に張る絹の蚊帳地）かけて紐で結び、候所の東畳廊下に並べておきます。夜中にふと目を覚ます時、静かに鳴く鈴虫の音に満足しながら、また深い眠りに就きましてございます。

順調に成長していくと、だんだんとかめの数が増えて、鈴虫は数百匹にもなることもございます。そのうち一匹二匹が鳴き始めますと、不思議に皆一斉に薄い翅を立てすりあわせて鳴きます。秋の夜に聞く鈴虫の声は最高でございますが、八月から九月に移ると、その音は途切れることなく鳴り響いてやかましいほどになります。そのうち眠れなくなるほどになり、かわいそうに鈴虫のかめは候所前の廊下から遠く東宮便《とうぐうびん》殿《でん》の前の畳廊下まで追いやられる年もございました。

それでも、生まれ出ました鈴虫をずっと眺めていますといとおしくて、美しい姿で鳴く虫の命を大切に思いました。

秋もたけて、だんだんと澄んだ声も哀れに聞こえ、雌は剣を土に刺して卵を産みつけています。そして、衰えてきます雌を雄が食べてしまいます。

これは惨事ではございませず、自然の決まりのようでございます。夜中、真っ暗のかめの中の出来事で、その情景をあまり見ませぬうちにだんだんと数が少なくなり、そのうちに、雌も力尽きて、赤土の上で静かに動かなくなってしまいます。

六月から七月に卵から孵ってかめの中で育ち、美しい澄んだ声に秋の風情をいっそう深く楽しませてくれました鈴虫。時には賑やかすぎるほどの声に遠くに追いやられながらも、かめの中で一夏の生を謳歌し、子孫を残して天寿をまっとうしました鈴虫に、心から愛着を覚える晩秋でございます。

息絶えた鈴虫は、賢所お構えのお築地塀外の土の中に丁寧に埋めてやります。かめは、赤土の中に卵が埋まっていますまま、張り巡らせました美濃紙を取り、そっと筆で土の上を綺麗に掃いて、新聞紙を重ねてかめの口にかけて紐で結んで留め置き、来年六月中旬ごろまで越年致します。

私が上がりましたころより戦争が激しくなって世話をできませぬようになり、卵が埋まったままのかめの赤土を、桜並木のお濠の近く草むらに帰しました。終戦後何年か過ぎ、その優雅な伝統を守りたいと思い、また少しずつ飼い始めましたのがだんだんと以前よりたくさんになりました。

いつまでも続けたいと思いましたが、三上様が御退職あそばしまして後、私と若い内掌典だけになり、御殿の御用をお守りさせていただきますだけでいっぱいで、十分に世話ができませず、残念ながら賢所に近い草むらにかめの中の土をそっと置きました。

独りで生まれて自然の中で力強く生きますように、また秋に会いに来た時は、綺麗な声を聞かせてほしいと祈りつつ、この伝統をお終いに致しましたのはもう二十余年も前のことでございました。

蟬

梅雨の明けますころの朝、さわやかな青葉の間より、「カナカナ、カナカナ」と、ヒグラシの透き通るような声が突然に聞こえてきます。その鳴き声から、「かなかな」とも申します。この声を聞くと、初夏の到来を覚えます。

真夏の日、都心の近代的な轟音と不思議な和音を奏で、木々の梢に鳴く賑やかな蟬の声。それは、「ミーン、ミーン」と鳴くアブラゼミです。しきりに聞こえますのになお皇居のうちは静かでございます。

時折、御殿のお正面の御柱や候所の柿の木に止まり「ツクツクホーシ、ツクツクホーシ、ホーシツクツク」と、途中で調子を変える独特の節回しで高い声を張り上げます「ツクツクボウシ」の声。折には二匹がワンテンポずらして掛け合いのように鳴き合いますのも、面白く聞き入りましてございます。

厳しい暑さも終わりに近づきます時、急に聞こえる「カナカナ」と鳴く声に、夏の初めの清々しい爽やかさを思い出し、また、過ぎ行く夏の情景の中に静かに身を置く私でございました。

蚊

蚊は昔から皇居の森の風物詩でございました。それでも、戦後何度も繰り返されます木の消毒やお手入れでだんだんとその数も少なくなりました。候所の東側のお窓や、また、中壺の御縁もガラス障子に合わせて網戸もつけていただきました。最近は冷房も備えられ、夏も障子を閉めたままにて、蚊に攻められませず過ごさせていただきまして本当に幸せでございます。

五十年前にはこのような設備はございませず、蚊取り線香と蚊帳だけが蚊除けでございました。

梅雨が終わりますと、候所や仕舞所《しまいどこ》のお障子は葦障子に替わります。夏らしい気分にさせていただき、仕立てあげられた葦が縦に並べられました間から風も通って、涼しゅうございました。

それでも暑いので、このお障子も開けておきます。蚊は夜になりますと候所の電灯の明りを求めて入ってきます。候所の鴨居の白壁にいっぱいに止まって、それはぞっとしますほどに大変でございました。

私どもはこの現象を利用して毎日のように蚊退治を致しました。御殿に上がり、夜七時前から八時にお両横の御格子を下ろしますまで、お風入れと申しまして、御殿のお障子をお開けして御門口《おかどぐち》の御縁に座し伺候《しこう》致します。その時候所は留守になりますので、電気を消しておきます。候所の外の畳廊下を隔てた北側の仕舞所への通り道になっています四畳の小さなお部屋にのみ明りをつけて、蚊を誘い込むためでございます。候所側の鴨居に止まっていました蚊が、明りを求めてその小さなお部屋に面白いほどに流れるような大移動が始まります。御殿から戻りますとその小さい部屋の白い鴨居や両側の押入れの襖《ふすま》にいっぱい止まって、寒気がするほどの蚊、蚊。この機を逃さず、障子を閉めて蚊取り線香を焚き閉めます。

しばらくしてお障子を開けますと大成功。蚊は煙にまかれて畳に落ちて仮死状態。黒ゴマを撒いたようでございます。箒で掃き寄せて一網打尽。一同で万歳致します。いま思い出してもぞっとする蚊の大群。その昔はどのようにしてお過ごしあそばしましたのでございましょう。このような夏の日を続けましたのも幾年か、お障子を閉めて冷房を入れていただき、いまでは信じられませぬ候所の蚊でございました。

蚊帳のこと

夏の夜、休みます時には緑の麻の蚊帳を吊りました。

候所の二間には四隅の鴨居のあたりにそれぞれ金輪がついてございます。その金輪に先端に金の鍵がついた太い緑の組紐を常に鍵が上になりますように通して留めておきます。蚊帳を吊る時には、蚊帳を広げて四隅についた金の輪に鍵をかけて組紐の下端を引きますと蚊帳は上に吊り上げられて組紐を下がらないように結び留めておきます。

吊りました蚊帳の中で、先に置きました夜具を広げます。二人ずつ並んで休む蚊帳の中もまた楽しからずやでございます。

八畳の間に吊る大きな蚊帳でも、私は一人でたたむことができます。蚊帳の金具を交互に両手で右、左と拾ってゆく時、どんなに大きい蚊帳でもすぐにたためる方法を、子供の時、母が教えてくれました。お嫁にいった時困らないように、そして恥をかかないようにとの親心でございました。

昭和十九年の夏、空襲の激しくなりました時には、掌典職《しょうてんしょく》から幌蚊帳《ほろがや》を一人ずつ渡されました。食卓で使う幌蚊帳と同じような仕組みで、白い網目の布で、赤ちゃんが休む時に使います幌蚊帳の大きいものでございます。真ん中の紐を引きますと、下部が夜具の大きさに広がります。これは夜具を敷いておいてから広げて中に入ります。空襲警報が鳴ったらすぐに起きられますようにとの配慮でございました。この中は暑いです！

夏の中壺

昭和十八年、私が上がりましたころには、中壺は柿の木を真ん中に、梅の老木やツツジの木がございました。梅はもう花を見せることができませず、枯れてございました。ツツジは大きなぼたん色の花を咲かせていましたが、戦後いつの間にか枯れてしまいました。

その中で、中壺の西隅にあった「はちす」の木は長らく元気でございました。夏になりますと毎朝たくさんの淡紅色の花が大きく咲いて、夕方には一日の栄のようにしぼみます。

勢いよく伸びた枝、丸みを帯びた菱形状のギザギザのある葉、その脇に咲く大きな花。この花は、一日だけしか咲いていられない花ながら、毎日新しい花がいっぱい咲いて、夏中楽しませてくれました。

生々と茂って屋根まで届きますほど立派なはちすも、寿命があるのでしょうか。来る夏ごとに何十年も咲き続け、特有の美しい花を見せてくれましたはちすの木が枯れてゆきますのが、本当に淋しゅうございました。

七月初めの朝、一輪、二輪の蕾の開いたのを見つけて、「あ、はちすが咲いた」と候所の縁側での毎年の感動をいまも思い出します。朝咲くはちすの花、大好きでございました。

はちすは「むくげ」とも申します。

いつ植えられましたのでございましょうか。私が上がりましてからでも、少なくとも四十年以上茂り、夏の日には美しい花を楽しませてくれました。

はちすの木が絶えて淋しくなりました中壺に、いまは梔子《くちなし》やガクアジサイの木が茂っています。鉢植えでいただきましたのを、根が伸びてかわいそうなので土に植え替えたものです。

梔子の木は私の六十歳の還暦のお祝いにいただきました。平らで綺麗な植木鉢に植えられて、日当たりのよい縁側に置きますと高い香りが漂いました。土に移し替えますとだんだんと大きくなり、一メートルくらいにも伸びて、半円形に広がりました小枝の濃い緑の葉の間に咲く真っ白な八重の花との対比がとても美しく、清らかな姿の中に特有の芳香を漂わせていました。

ガクアジサイも他の草花と一緒に、植木鉢に寄せ植えにしてございました。平成の御代になりましてから、元雑仕さん三人（古川祐希子《ふるかわゆきこ》さん、川越薫《かわごえかおる》さん、中西晴美《なかにしはるみ》さん）に六月の誕生日祝としていただきました立派な植木でございました。

中壺のお庭に移し替えますと我が世を得たように生長し、背丈より高く伸び、毎年剪定してもらいますと大きな葉が繁り、来る年毎に濃い紫の奥ゆかしい花が見事に咲きました。

大きく茂り咲く花を毎年眺め、心慰め、そして幾年過ぎましても誕生日を祝ってもらいました優しいお心を抱きしめましたことでした。

賢所を離れましてからも遥かに思いは馳せています。今年も咲いているのでしょうか。

賢所の秋

賢所の掌典補候所に常勤でした大須賀掌典補様は、十月になりますと御仮殿《おかりでん》付近に咲く金木犀《きんもくせい》の小枝を折って、毎年必ず黄色い花をつけた甘い香りを届けてくださいました。

一本の小枝を候所に置きますと、何とも言えませぬ特有の香りが候所に漂い、温かいお心を届けていただきます大須賀様に感謝致しました。それは、新嘗祭の忙しいお仕度にかかられます始まりなのでございます。

通用門内、内掌典玄関の向かいにも大きな金木犀の木があり、橙色した花をつけ、高い香りがあたりに漂って、だんだんと秋の気配を覚えるころとなります。

候所東側のお庭にも柿の木がございます。

戦後、賀陽宮《かやのみや》様が掌典長でおいであそばしました時、宮様のお声がかりの人が富有《ふゆう》柿《がき》の苗木を二本持ってこられて、一本四百円で求めてお庭に植えてもらいました。よく根付いて何年か後には富有柿らしい形をしました柿が実り、賢所のお庭で育ちました富有柿のお初物を御三方《おさんぼう》に盛り、賢所様と皇霊殿《こうれいでん》様に御披露申し上げましてございます。

ただし味はあまり甘くございませず、肥料も与えず手入れも上手にできませせぬ柿がかわいそうでございました。

次第に枝を広げて木は大きくなり、柿も実りましたが、だんだんと人より小鳥の喜ぶ柿の実に変わってゆきました。スズメが来てついばみ、くちばしでつついている間に土に落ちましたのをびっくりして飛び立ち、地面に落ちた柿をカラスが持ち去り、ヒヨドリも寄ってきて、賑やかに鳴きながら遊び、やがて飛び去ってゆきます。その他にも、可愛い声の小鳥が柿の実に集まりました。

美男蔓《びなんかずら》

柿の木の一本に美男蔓（「さねかずら」とも）が巻きついて茂り、原生林のような様相を呈しています。

美男蔓の根元は自然に土が盛り上がり、いつの間にか太い曲がりくねった幹が柿の木に這い上がるように巻きついて、幹から出た枝は蔓となって無限に広がり、絡み合い、一年中艶やかな緑の葉が茂ってございます。

八月ごろには黄味がかった白い小さな花が愛らしくひっそり咲き、散りましたあとに小さい玉がまとまってピンポン玉ぐらいの球形の果実の房となって赤く熟します。

蔓になって絡み合い、また、垂れ下がった細い小枝の葉の間に真っ赤に光るような丸い実の房、どのように枝振りを眺めましても、それは古代を想わせる原生林のような自然の美でございます。

この美男蔓は戦後、昭和二十二年ごろ、毎月一日に御用で吹上御所へ上がります時、吹上御所のお庭の中を歩いていて見つけたものでした。御所から戻ります時、お池の側の細い小道を歩いていましたら、高い大木に巻きついて茂るカズラの木のその下草の中に、十センチほどの芽生えを見つけました。

大木に絡み垂れ下がった見事な美男蔓。その樹液は皇后様もお髪にお付けあそばします由、三上様から教えていただきました。美男蔓の小指ぐらいの太さのところを長さ十センチほど切り、コップに水を入れて漬けておきますと、ドロッとした液ができます。その液を髪に付けますと水油の役をするそうでございます。

初めて伺いました美男蔓の貴重なお話に興味をいだき、この小さい芽生えもこの親蔓のように大きくなるのではと思い、御紋付の大きい御文庫を持つ手を伸ばしてそっと引き抜きましてございます。緋の袴《はかま》の陰に持っていただいて帰り、候所東側のお清い庭の土に挿し込んでおきました。

この芽生えが不思議によく根付いて次第に伸びゆき、柿の木に巻きつきました蔓は太い幹となって宿り、そこからいっぱい枝を伸ばして絡み合いながらまた垂れ下がり、毎年白い花が咲き、赤い実をつけます。吹上御所のお庭に茂る美男蔓は、賢所様のお側で新しく息づき、見事に生長致しました。

それから五十余年が過ぎましたが、なお百年も万々年までも健やかに賢所様のお側で茂りますようにと手を合わせています。

綾綺殿の側の美男蔓は、三上様と私がひたすらにお勤めさせていただきました証の木でございます。

ドロッとした液をこしらえて髪に付けてみましたが、椿油の水油やびん付け油を使いますので、長続きしませんでした。

美男蔓の植わるこの庭は、綾綺殿に続きますお清いお庭でございます。戦争前には綾綺殿の御前庭と同じように、白川砂が敷かれ、草木は何もございませんでした。

秋の実り

戦争が激しくなり、空襲の時、内掌典がこの庭の片隅にも避難するために防空壕をこしらえていただきました。

白砂を除き、土を深く掘って板をあて、天井をこしらえて上から土で覆い、腰掛けられますように壕の中を整え、入り口はだんだんと降りて戸で塞ぐようにして、三、四人は入れました。護りについた近衛兵の兵隊さんが、「これでは爆弾でいっぺんに壊れてしまいますよ」と、あまりにも安易な防空壕を見て驚かれましてございます。お陰さまでこの防空壕に命を預けることもなく済みました。

終戦後、早速壊して土を元に戻しました。土中深く土が柔らかくなりましたところに、皇后様から賜りました白桃のその種子を試しに入れておきましたら、その桃の木が生長し、やがてお屋根の上まで伸び、大きな桃が実りました。

それは天津桃で、甘く年毎に実り、幹も太くなって下部にはサルノコシカケもできるほどになりました。手入れができませず、そのままで桃の木のヤニが大変で、毛虫もついて困りましたが、これがこのお庭の最初の緑となりました。

やがて、柿が実るようになり、美男蔓が根付き、清いお庭はそれなりに美しい草木が茂り実って、人も鳥も楽しませてもらいましてございます。

秋になりますと、中壺の柿もいっぱい実ります。以前には、赤く実りますと若い掌典補が長い竹竿の先に付けた二股で、地上から柿の木の枝を挟み、折って採ってくださいましたり、梯子を屋根にかけて屋根の上から採っていただきました。ある時、静かになりましたのでふと上を見上げますと、白衣に袴の襷をかけた若い掌典補、屋根に腰を下ろしてちゃっかり柿を食べるのに夢中。屋根から落ちないように心配してましたのに。

掌典補もだんだんと歳を重ね、お屋根に登るのを控えるようになって柿を採る人もいなくなり、いつしか自然のなすがままになりました。

いまは、鳥のご馳走になりました。鳥たちは、枝付きの部分は渋いことをよく知っていまして、先端の甘いところだけ食べます。庭いっぱいに食べ残しの柿が落ちますのを、箒で掃き集めておきますと、発酵して臭いますのに困りましてございます。

柿の実も落ちて晩秋の時、紅葉した一枚の柿の葉の美しさはたとえようもございません。赤、黄、橙色に緑が残り、同じように紅葉しながらもそれぞれに趣が違います自然の不思議さにただ驚き、感動するばかりでございます。

秋風の吹くたびごとに、また、鳥の飛立つごとに、「サラサラ」と音を立てて降るように舞い落ちる柿の葉を、柿の根元に掃き集めて、またその美しさに見入りましてございます。

柿の木の根元に盛り上げました落葉を、大きなダンボールに山盛りに入れて庭の隅に置きましたある時、若い内掌典がおせんべいを庭に投げてやりました。めざとく見つけたカラスが降りてきて、くちばしで咥《くわ》えたままトコトコと歩いて落葉を入れた箱の縁に乗り、柿の葉の中に入れて、くちばしで葉をその上にかけて飛び立ちました。しばらくしてまた降りてきたカラス、今度はその箱の中からおせんべいをつまみ出し、悠々と食べていました。その様子をたまたま見ましてございます。これが「カラスのえがくし」と申すのでございましょうか。

晩秋の候、御殿のお周りは松をはじめ、常緑樹の緑の中に赤く、また黄色にと、秋色に染まります。一声高くけたたましく鳴く鳥の声はなお静けさを増し、落葉した梢に冬の訪れを感じます。

雪を眺め、月を愛で、花の中に身をおきながら御殿に上がり、見渡します四季折々の風光の中に、今年もまた一年清々しく心澄ませていただきます幸せをありがたく感謝しながら日を送ります。

新嘗祭もお済みあそばしました十二月、賢所御神楽や年末年始の御用重なります緊張の中に、年が暮れてゆきます。

東側の清いお庭、そして賢所中壺の木々は皆私の心の中で一生茂り続けています。懐かしい賢所の四季でございます。

カナリヤ、鶏のこと

また、終戦後、内掌典に温かいお心をいただきました青山掌典補が、内掌典の慰みにと、カナリヤの番《つが》いをいただきました。

その後、卵が孵って数が増え、また、宮内庁楽部の事務所に飛び込んできた鶯を「飼ってやってください」と持ってこられましたのを、教えられますまま大事にして育てましてございます。時には、水道の水を細く出して水浴びをさせてやりましたりして、鶯の安住の場所となり、カナリヤとともに候所中壺の縁側で美しい声を聞かせてくれました。

また、同じころ、生きた白い鶏（レグホン）二羽が掌典補候所の外庭で食用にするために持ち帰る人を待っていました。その鶏をたまたま見つけて、「かわいそうに」

と眺めました時、「よかったらどうぞ」と言われて、そのまま内掌典にもらい受け、空箱に柵をつけて小屋を作ってもらいました。教えていただきました通り餌をこしらえて与えましたら、翌日から卵を産むようになり可愛がっていました。その後、名古屋コーチンや御料牧場のニューハンプシャー種、また、当時、上野動物園の日本鶏に関係されていますお方から東天紅《とうてんこう》や唐丸《とうまる》の優美な姿で鳴く長鳴鶏《ながなきどり》、尾長鶏《おながどり》、また、小さな地鶏やチャボ、ゲームバンダム、軍鶏《しゃも》のようなけんか鶏もいただきました。また、卵を孵して生まれ、中壺の鶏小屋を棲家として慣れて寄りくる可愛さに、御用の忙しい合間に餌を与え、皆々大事に育てました過ぎし日、自然に集まりくる雀やまた鳩の群れも賑やかでございました。当時のことが懐かしくまたいとおしく思い出されます。

雉《きじ》

平成三年四月二十日でございました。宮内庁楽部で行われます春の雅楽演奏会の時、掌典職にお願いして入場券をいただき、國學院大學・沼部春友《ぬまべはるとも》教授、森昇一《もりしよういち》教授お二方先生に差し上げました。雅楽の演奏を御拝見あそばしまして大変にお喜びいただき、終了後、賢所にもおいでいただきました。

沼部先生は常に内掌典の存続をお心におかけあそばしていただきまして、度重ねて計り知れませぬ御厚情をいただき、敬慕申し上げます立派な先生でございます。

また森昇一先生も國學院大學栃木短大の教授で、千葉冬子内掌典が在学中当時の、文法の先生でございました由、私はこの時初めてお目にかからせていただきまして、深くその道をお極めあそばしましたお姿が御温容の中に現れておいでになりまして、お二方先生の尊いお話に耳を傾けさせていただきます幸せの一時でございました。

賢所お構えの外をお供して歩かせていただきましたのをお喜びいただきまして、早速に御丁寧に心こもりますお礼状をいただきまして、かえって恐縮致しました。そのお文をいまも大切に留めましてでございます。

森先生御歌

九重の宮居しづもる道のべに
あそぶ山鳥人なきごとに

賢所お構えのお築地塀の外の道を歩きました折、その道の横の草むらに雉の番《つが》いが何かをついばんでいましたのを御覧あそばしました時でございます。お巻紙のお筆の跡もお美しく、お見事でございまして、お心のおこもりあそばしました奥ゆかしい御歌まで戴きました御厚情が、心に沁みてありがたく嬉しゅうございました。繰り返し拝見させていただきながら、ただ胸を熱く致しましてございます。

雉はどこに住まっていますのでしょう。賢所お築地の塀の近くの桜並木の側、お内濠への緩やかな斜面の草むらに昼間もじっと座って卵を抱いている雉を見かけたことがございます。ある時は親鳥の後からヨチヨチとヒヨコが三つ四つ、縦に並んで歩いているのを見たことも。

けれども、卵や雛はカラスに襲われて、なかなか増えないそうでございます。

雄雉は尾が長く、玉虫色がかった羽色が誠に美しく、雌雉も茶色がかって丸みを帯びた優しい形をしています。人が草むらに沿う道を歩いていましても、逃げませず悠然としています。

地震の時には必ずけたたましい声で「ケンケン」と鳴き、夜更けに小さな地震の揺れに近くで雉が鳴いて、眠気の覚めぬうつろな時も、「やっぱり地震でした」と雉の声で知り確かめることもございました。

雉は夜中もやはり草むらの茂みの中に身を寄せて生きているようでございます。

第十五章

賢所を下がって

賢所の羽衣

ちょっとお話し申し上げます。それは風の強い日でございました。夕暮れ、白衣に白いお袴のお方様から、「賢所、皇霊殿《こうれいでん》の間の御広縁に唐衣《からきぬ》が広がっている」と教えていただきました。

それは、内掌典の一人が御用を終えた時、ちょっと仮に唐衣を脱いで、賢所の外西側中ほどの御扉とお壁の間の狭い所に挟んでお手水《てみず》を致したもので、そのまま唐衣のことを忘れて候所へ帰りましたのでございます。

お知らせいただきまして急いで御殿に伺いますと、確かにうっかり忘れた唐衣が風に吹かれて舞い広がってございました。

三保の松原の漁師は、松の木に天女が忘れた羽衣を自分の手にしてどうしてもほしいとねだりました。けれど白衣のお方様は、「これは清い衣、私が触ってはいけない」と思し召し、内掌典にお知らせあそばしていただいたのでございます。

唐衣を忘れた此方《こなた》の天女は、何度も御礼を申し上げながらその唐衣を持って、舞い上がってゆくように御殿の中へと入ってゆきました。

白衣に白いお袴をお着けあそばしましたお方様は、やはり賢所にお仕えあそばします神様でございました。唐衣を着けて賢所の中に入ってゆきます天女を満足そうにお見送りあそばし、やがてお静かに神様のお宿りあそばします掌典様のお館へお帰りあそばしましてございます。

白衣の神様、それは本多掌典様でございました。舞い上がりながら御殿に入ってゆきます天女、それは、齊藤敏枝内掌典にて、その光景に言い知れませぬ温かい感動が胸に広がり、いつまでも忘れられませぬ賢所羽衣物語でございます。

三保の松原で天女は返された羽衣を身につけて天を念じ、めでたい東歌《あずまうた》を歌い、優美な羽衣の袖を風になびかせて東遊《あずまあそ》びを舞い、やがて三保の松原から富士の高嶺へ、そして天上に舞い上がってゆきました。

天上に昇った天女は、十五夜の夜空に天上界より満月の光となって地上を照らし、願い事が円満に行われ、数々の宝を降らせて地上に幸せを給いましたとか申します。

本多掌典様は掌典長にお昇りあそばし、天上の賢所を長年にわたりただひたすらにお護りあそばしましてございます。齊藤敏枝内掌典もまた、清らかな心のままに一所懸命お仕え申し上げ、自ずから神様のお光を戴かれて、おめでたく勤め上げられました。立派に勤めを終えられました先輩の内掌典たちと同様に、幾久《いくひさ》しく幸せの溢れますようにと祈る心に満ちながら、賢所から別世界へと舞い上がりました敏枝様を見上げましたのは数年前でございました。

いま、野村敏枝様と姓を替えて幸せいっぱいの日々を過ごされ、存じよりもせず私はその野村様ご夫妻の言葉に尽くせませず温かい庇護をいただいて、お側で安らかに過ごさせていただいております。

私の宝物

長い間賢所に勤めさせていただきますうち、昭和の御代に両陛下よりいただきました数々の御品々。御養蚕所でおできあそばしましたお清い白羽二重、縮緬や織物のお生地は、着物に染め、帯にこしらえさせていただき、市松人形もいただきましてございます。

両陛下から退職につき賜りました尊いお掛け物、過ぎし日にはお美しい羽子板の形のお硯、お美しいお袱紗をいただき、また、行幸啓の時にはお珍しい地方の御品をいただきました。

私の出身地である滋賀県にならせられました時には、膳所焼の御盃を、「懐かしいでしょう」と、わざわざお買い上げあそばしていただきまして恐れ入りましてございます。

両陛下御成婚の時、また、宮様方の御成年式や御結婚のおめでたい時々に記念に戴かせていただきました御紋の御盃、また、御大礼の時には御紋付の御朱盃を賜りましたのを大切に飾って何にも替えられませぬ私の宝物でございます。

甘露寺掌典長様や東園掌典長様がわざわざお認めあそばしていただきましたお色紙も、大切に致しましてございます。

数え切れませぬほどに結構にいただきました尊い御品々を、心の中に留めさせていただき、この宝物を一生抱きしめさせていただきます私でございます。

過ぎし年、霞会館で華族のお家柄を継承あそばしますお方様の華虹会《かこうかい》と申し上げます会の展覧会がございました時、堤掌典様の御招待をいただき、拝見させていただきました。

お美しいお見事な絵、奥ゆかしいかな文字の御書、また、陶芸や手芸も皆お立派なお作品に、ただ感動致しながら拝見させていただきました。

その中で形のおもしろいお団扇《うちわ》に「朝」の一字をお書きあそばしましたお見事な御

書を拝見致しました。

自分の名でございますのに満足に書けましたことがございませぬその「朝」の清らかなお字を愛でさせていただき、心に刻ませていただきましてございます。

それは島津《しまづ》肇子《はつこ》様のお作品でございました。その時、御案内あそばしていただきました錦小路様にこの感動をお話し申し上げたら、錦小路様から島津様にお話しあそばしていただきましたそうで、まことに存じよりもせず、そのお団扇を私にいただきますことを伺いました。

展覧会は六月でございまして、七月一日、御用で御所に伺いました時、本当にそのお見事なお団扇のお作品をいただかせていただきましてございます。誠にありがたく嬉しさを言葉に表すことができませず、ただ押し戴きましてございます。かけ替えのございませぬ大事な私の宝物でございます。

島津肇子様は北白川宮様の女王様で、香淳《こうじゅん》皇后様の時お仕えあそばしました北白川女官長様のお姫様でございます。また、錦小路様も華虹会のお方様で御所の女官様でございまして、当日もお筆の跡もお美しく優雅に、御歌をお認めあそばしましたお色紙を拝見して感動致しました。御所に伺いますたびに、お温かいお心に触れさせていただきますお優しい女官さんでおいであそばしましてございます。

真の内掌典

内掌典はその昔、内侍所でお勤めあそばしました時からの御用を続けさせていただき、御所の尊い伝統を受け継ぎ、引き継がれてまいりました。世の中が変わりゆきましても、至尊《しそん》の伝統をお護り申し上げますことこそ、皇室の御繁栄の基となることを信じましてございます。

明治天皇様の東京遷都の時に京都より賢所様にお供あそばしましたお方様をはじめ、それより内掌典として二十年三十年お勤めあそばしましたお方様が五、六方様おいであそばしたようでございます。そして、御用の伝統は相変わりますことなく、奥ゆかしいおしきたりの中で明治、大正の御代にも賢所をお護りあそばしましてございます。

大正十二年、三上様がお上がりあそばしました時のお方様方は、昭和御大礼にお勤めあそばし、その後続いて五人のお方様が内掌典を拝命されましたが、だんだんとお変わりあそばしまして、私が昭和十八年に上がりました時は、明治の御代に十五歳でお上がりになりました高木様が御用掛として、内掌典は三上様はじめ五人のお方様がおいであそばしました。

堀様、三上様、松崎様、福島様、中根様の皆様方に、御用のこと、候所でのおしきたりを自然の中で教えていただきましたが、戦後、それぞれの一身上の都合で退職されました。三上様、福島様と私の三人になりました時、昭和二十七年、今大路布志子様（当時五十歳）がお上がりあそばしました。

今大路様は大正十年ごろ、女官として御所へお上がりになりまして、大正天皇様崩御の後、引き続き命婦《みようぶ》のお役にて大宮様（貞明《ていめい》皇后様）にお仕えあそばしてございます。昭和二十六年五月、大宮様崩御より一年後、内掌典を拝命されましてございます。賢所と御所とは御所言葉、服装、次清のことなど異なるおしきたりもございますなかで、五十歳をお過ぎあそばしてから内掌典としての御用は大変でございましたでしょうけれど、よくお勤めあそばして二十年間ともに気持ちを合わせて過ごさせていただきました。

そのうち、福島様がお家の都合で退職され、三上様と今大路様、そして私の三人になりまして、やがて今大路さまは在職中七十歳で天寿をまっとうあそばして、三上様も昭和六十二年、御年七十五歳で御退職になりました。そしていつしか私が一番年長になりましてございます。

三上様がお上がりになりました時の前後して内掌典をお勤めあそばしましたお方様の御名を、ここに挙げましてございます。

母のこと

賢所《けんしょ》に上がり、最初の約束で期限とされていました三十歳になりました時から、「結構なところでお勤めさせていただいてありがたいことはよく分かるけど、もうそろそろおいとまをいただいて帰らせていただくように」と母から何べんも言われましてございます。母からの手紙がまいりますたびに、「帰らせていただくように」という催促でございます。もう何回もこのように手紙をよこしますので、「またお母さんからだ」と、内容は分かっていますので読みもしないでしまいこんだものでございます。

約束が十年と申しますのは、少なくとも十年はお勤めするようにとのことで、長く勤めたほうがよろしいのでございます。母からの手紙は御用をさせていただきます平穏な心を乱すもとになりました。

そのころは私も若く、下働きをさせていただかねば上のお方様がお困りになると思い、辞めることが許される状態ではないのを自覚しておりました。

その時に辞めて賢所を下がらせていただいていましたら、また別の人生があったでしょう。母の気持ちは親として当然と思いますが、いまにして後悔は致しておりません。もしその時辞めていましたら、神様から見放される思いがして、心の中で神様に申し訳ないことをしましたと、一生後悔していたことでしょう。

戦地から帰った長兄は銀行に勤めるようになり、父が亡くなりまして後、母を引き取って一緒に住まっておりました。その家のそばには小さな川があり、年老いた母は、暖かい日などよくそのほとりでぼんやり座り込んで、一日中じっと流れを見ていたそうでございます。

後になって兄嫁に聞かされました。兄嫁が迎えに行きますと、母が何かをつぶやいていて、よく聞いてみると、「朝子はなんぼ言っても帰ってこない。皆様がお困りになると言うけれど、歳をとったら自分が困るのに」とつぶやいていたそうでございます。

いまと違って老人ホームもそんなにございませんし、私が歳をとった時一人で生きていくのは簡単なことではございません。兄二人は戦争から生きて帰って無事でございましたが、それぞれの家族があり、迷惑をかけることになります。私が歳をとって一人になった時のことを母は心配してくれていたのでございます。

親の心子知らずとはよく申します。そんな母の心配をよそに、母の生涯より長く、いつのまにか七十五歳まで勤めさせていただきました。そして、お陰さまでたくさんの御縁に恵まれ、いまは心安らかに幸せに暮らさせていただきましてございます。遠い空から見守る両親に安心していただきたいと思っております。

八歳年上の長兄は兵庫県川西市に、四歳年上の次兄は京都に住まい、夫婦ともに八十歳を過ぎましたが、いつも私が幸せに過ごすことを心温かく見守ってくれます現在でございます。

新宿国際医療センターにて

平成八年春、宮内庁病院の胃カメラの検査で腫瘍が見つかり、新宿の国際医療センターに入院致しました。胃粘膜外腫瘍の診断にて、胃を取り出し腫瘍を除く手術を受けました。七十二歳五カ月の時でございました。

外科部長・小堀先生のお心のまま、若い三人の外科医先生に手術をしていただき、切開の痛みも感じませぬまま、三十センチぐらい斜めに糸のような細い線が残りますだけとなりました。先生方の的確な処置に感謝しながら、毎日を温かい手当てと厚遇を受けました四十六日間でございました。

その間、掌典の方皆様の御温情をいただきました。その中で掌典補（当時）の三木様から御丁寧におはからいをいただき、雑仕《ざつし》さんが病院に通って身の回りの世話をしていただくようにそのお手配をいただきました。

当時の齊藤敏枝内掌典《ないしょうてん》、須田理恵子内掌典のお二方は、日々御殿の御用を守っていただきます上に、なお温かい心遣いを寄せていただきまして、感無量の感謝だけでございました。

思いがけませぬ入院に、退職された内掌典の方々、雑仕さんも心配してわざわざお見舞いに来ていただいて御温情をいただきました幸せに浸る私でございました。

十六階の病室から見下ろします都心のビルの林立に驚き、果てしなく広がる大空の雲の行き来を、臥したまま望み、美しく輝く夜の光の海を窓から眺めて、皇居では想像できませぬ風光情景を見入りつつ、心静かに休ませていただいた日々でございました。

手術の日が決まりました数日前、突然においでいただきましたのは井上女官長でございました。思いもよりませぬことでびっくり致しました。

御所から離れた病室にお立ちいただきます女官長様、何か夢のような思いしてお懐かしくて胸を熱く致しました。

皇后様の思し召しにてお見舞いいただきましたことを伺い、ただもうありがたく畏れ入り、手を合わせましてございます。

お庭に咲きました美しいバラの花の色とりどりいっぱいにお挿しいただきました花籠を頂かせて戴き、スープをいただきました。バラは「御所のお庭で咲きました」もの、スープは「大膳（陛下のお台所）でこしらえていただきましたもの」だと伺いまして、御礼の申し上げようもございませぬありがたさに胸がいっぱいになりました。澄んだスープは、それはそれは結構でございまして、一口いただきますごとに御礼を申し上げながら、ゆっくり美味しく味わいながらいただきましてございます。

手術前に栄養をとの皇后様の思し召しの御事を女官長様から伺い、誠にありがたいことでございます。

バラのお花は、畏れながら皇后様の御温容姿を重ねさせていただきながら、心ゆくまで眺め、心を慰めさせていただきましてございます。

手術も無事に終わりました後日、宮内庁病院から直接に医療センターへ経過の報告をお聞きあそばしていただきました由にて、手術後にさっそくながら大膳でおできになりましたポタージュスープを、今度は女官様にお持ちいただきました。

皇后様のお見舞いをいただきます深い思し召しになんと御礼を申し上げましたらよろしゅうございますのか分からず、女官様にお甘え申し上げたいような思いに浸りながら、ただただ畏れ入りつつお受け申し上げました。

先生方の手厚い治療をいただきまして、お陰さまで順調に回復のことを申し上げまして、深く御礼申し上げましてございます。

女官長様、また女官様がわざわざおいでいただきまして、温かいお尋ねの言葉の中に、皇后様の御慈愛を重ねさせていただき、病室からお帰りいただきます女官長様のお優しいお後ろ姿がお名残り多くて、そして、ありがたくて、心の中で手を合わせました。

まだあまり食事も進みませぬながら、いただきましたポタージュのなんとも申し上げられませずまろやかなお味が美味しく、飲み込むのももったいなく、ゆっくりと口の中に留めながら大切に押しいただきましてございます。

入院から一カ月半過ぎて退院を許されましたが、直接賢所へは戻りませず、宮内庁病院でさらに十日間休ませていただきました。六月下旬でございました。

宮内庁病院では、医療センターに御紹介いただきました外科の黒田次長先生、神谷先生に毎日様子を診ていただき、手術の跡があまりに綺麗で丁寧な見事な縫合に驚くほどに感心されまして、いまさらのように回復させていただきました幸せに浸りました。

入院中のこと

本多掌典長はじめ、掌典職《しょうてんしょく》の皆様の計り知れませぬ御親切をいただき、退職されました内掌典、雑仕さん、また、東園元掌典長やお偉いお方様、皆様の温かいお見舞いをいただきました幸せを何にたとえましたらよろしいのか、誠にありがたいことでございました。

賢所様にお仕えさせていただきますお陰さまでございますと、深く思いましてございます。

毎日の御殿と候所《こうしょ》の御用でいっぱいでございますのに、私のために交代での看病はどんなに大変なことでしょう。けれども、いつも優しい笑顔で身の回りを細かく心を配ってくださる雑仕忍田実成子《おしだみなこ》さん、山本和美《やまもとかずみ》さんの温かいお世話が本当に嬉しゅうございました。その二人の自然に滲み出る優しく美しい礼儀作法に、担当の看護師さんらも感心されていました。

また、東京在住の元内掌典毛利浩美さんと元雑仕川越薫《かわごえかおる》さんが交代で手術の後に泊まっていただいて心丈夫でございました。ベッドのすぐ側の低い床で休んでいただいて申し訳なく思っていますのに、夜中に自分の枕を私の片方の背中にそっと当てていただきました。二人の真心に目をつむったまま涙が出てまいりました。

また、忍田さんと一緒に勤めました北海道出身の元雑仕河合都恵《かわいくにえ》さんもわざわざ来てくださって、二人の雑仕さんと同じように宿から通って手伝っていただきました親切を思い、ありがたいことでございました。

入院中に誠に恐れ入りながら御所からのお見舞いをいただき、お世話になりました皆様の御心配いただきましたお方様、心から案じていただきました元内掌典、雑仕さんの皆様に、御温情溢れますお励ましの言葉、温かいお心遣いのお見舞いをいただき、小さな腫瘍の手術ながら生まれて初めてのこととて気弱な私に、親身の温もりが胸に満ちて何にも代えられませぬ心の支えになりました。

手厚い治療と親切な看護を受けて思いがけなく早く回復して賢所に戻りました時、ただもう清々しさに満たされ、皆様に温かく迎えていただきました幸せ、健康を取り戻させていただきました嬉しさでいっぱいになりました。またこれからも、精一杯お勤めさせていただきたいと思いましてございます。

手術後数日過ぎて、まずは点滴の器具をつけたまま病室から出て庭を歩くことを勧められました。

ある日、小綺麗に飾った奥さんらしい人が先にさっさと歩いて、だいぶ離れた後ろから追いながら、私と同じように点滴の器具を握り締めてパジャマ姿のご主人らしき人が、その器具の棒を頼りにとぼとぼと歩いています。奥さんらしい人は、時折振り返り眺めるだけで、覚束ない足取りのご主人（らしい人）に手を携えようとは致しませんでした。その時私は右手に点滴の棒を持ち、左手はしっかりと雑仕さんが握ってくださっていました。雑仕さんの温かい心遣いに支えられます自分の幸せな姿に、熱いものが胸にこみ上げてまいりました。

点滴のお薬がぶら下がっていた冷たい鉄の棒は、いま自分の身体を支えてくれる命の杖でございます。そしてこの点滴の命の杖を外してふらふらと覚束ない足取りで歩けるようになりました時、しっかりと手を繋いで歩かせていただきます雑仕さんの真心。雑仕さんは心の杖でございました。感謝の礼、尽くしがたく生涯忘れえませぬ感動でございます。

それから三年後の平成十一年七月、宮内庁病院で主治医五十嵐女医先生の御好意で定期の検査をしていただきました。レントゲンに写りました心臓が普通より大きく、心電図も異常にて、さっそくに六本木の心臓血管研究所付属病院を紹介いただきました。いろいろと検査の結果、心臓の周りにある「心嚢水《しんのうすい》」に体内のウイルスが入って炎症を起こして水が溜まりましたのが原因で、心臓の形が大きくなりました由の診断でございました。

水分を除くお薬も飲みましたが一ヵ月過ぎても同じことにて、七月初め入院してなお詳しく調べて治療を受けることになりました。

入院中のある日、看護師さんが申しました。「病院の前は大通りで、すぐ横には若者の集まる有名な六本木通りですよ。夏になりますと、女の子は昼間から短い浴衣に半幅の帯を結んで、膝から下は素足で下駄を履き、闊歩して歩いて賑やかなんです」と、面白く話してくださったので、「私も一度見に行きたい」と申しましたら、「髙谷さんなんかが見たらまた血圧が上がって心臓が悪くなりますよ」と、笑って答えてくださいました。

病気のほうはその後快方に向かい、度々に胸部レントゲン、心電図、エコー、CTとかRTとか申します大きな器具の中に入って心臓の状態を調べていただきましたり、右足の付け根から動脈の中を心臓まで管を通して、その先のカメラで心臓内の状態を調べますカテーテルの検査の結果、心臓内は正常なことが分かりました。お陰さまでその心嚢水も少しは減る傾向もあり、水を取る手術もせずに済み、一カ月ほどで退院致しました。

その時もまた掌典職三木様のご配慮で雑仕の丹羽《にわ》博子《ひろこ》さん、唐橋《からはし》佐和子《さわこ》さんの二人、そして、三十余年前にお世話になりました懐かしい田中《たなか》基子《もとこ》さんの三人が交代で病院に通ってくださいました。身の回りを整え、用を足してもらいまして、皆の親切な心遣いがありがたく、身体を休めることができました。主治医の田中先生にも丁寧に対応をいただきまして感謝の毎日でございました。

退院後のこと

十月初めの検査にて、心臓の大きさは元に戻っていないながら、経過もよく、日常生活に戻ることを許されました。

だんだんと体調を整えましてから、身を清め、衣服を正して久しぶりに御殿に上がらせていただきました時、ただただ畏れ多さに身の引き締まりますのを、言葉に表すことができませんでした。

誠に賢所は尊くお清い御殿でございますことを、つくづく痛感して、ただ拝ませていただきましてございます。

退院致しまして賢所に戻りました時には、皇后様より、お美しい薄紫のバラのお花籠を賜りました。重ねがさねてお案じいただきます厚い思し召しにただありがたく、恐れ入りますばかりでございました。

だんだんと日々の御用に復帰させていただき、十一月一日、毎月一日の御用で御所に伺い、女官さんを通じて御用を終えました時、女官さんから両陛下がおいであそばしますことを伺いまして、緊張致しました。

その時はもう、そのお部屋のお廊下に両陛下がお立ちあそばしていただきました。誠に存じよりませぬことにて、ただ深くお辞儀を致しまして夢中で御挨拶を申し上げました。

御上《おかみ》から、「もう大丈夫ですか。無理しないように」とゆっくりとお温かい御声をいただき、その御声が一瞬に身体の中をかけめぐり、ありがたさになおさら深く頭を下げまして畏れ入りましてございます。目の前に両陛下の御姿を拝し、誠に存じよりませぬお温かいお見舞いをいただきまして、ただありがたく冥加《みようが》につきます夢のような幸せに浸らせていただきましてございます。

賢所を下がって

戦後、私が此方で迎えました若い内掌典は、吉田寿子内掌典をはじめ二十四人にもなります。誰も皆、ひたすらの気持ちで御用を引き継ぎ護って、心優しく温かくして起居《ききよ》をともに致しました。

新しく上がりますお方が立派にお勤めして此方の人になってほしいと願いながら、家族のような親しみの中で日々を過ごすうち、一年が過ぎ、二年が過ぎ、瞬く間に四年間が過ぎてゆきます。温かく心通わせ、お世話になりながら過ごした日々の思いがこみ上げ、尊い御殿の御用をさせていただき、候所での生活で身につけた立派な内掌典がいつまでも此方に留まってほしいと願う思いは言葉に尽くし難く、この限りある日々が過ぎて、来る年毎の惜別がたまらなく淋しゅうございました。四年間おめでたくお勤め終えました内掌典一人ひとりの心の中に一生尊い御光を戴いて幸せに過ごされますようにと念じながら手を合わせましてございます。

また、親身の思いに満ちながら尽くしてもらいました部屋の人たち、そして、二年間をただ一筋に御用を勤め内掌典を支えてくださった雑仕さんが勤め終えて退職の日、お別れの淋しさが込み上げますのを胸に留めながら、いま、新しい出発の晴れの門出の日、「此方で体得された尊い経験を心の奥に秘め、人に喜ばれお役にたって活躍されますように。神様から戴きました御光が輝いて限りなく幸せが溢れますように」と、祈りながら強い絆の片端を握り締めて見送りました私でございます。

お教えをいただきました上のお方様と若い内掌典はじめ、私が上がりました時にお世話になりました年配の二人の雑仕さん、側で常にいろいろと世話になりました若い部屋の人二十五人、調子多美子《ちょうしたみこ》さんをはじめ、戦後になって上がられた若い三十五人の雑仕さん、本当に心を合わせそれぞれの御用を勤めていただきました。

百人に近い皆様と不思議な御縁をいただき、皆ともに尊いお場所で起居をともに過ごさせていただきました五十余年間でございました。

いまも一人ひとりの懐かしい姿を思い浮かべつつ、誰も皆幸せに過ごされて、なおいただきます温情を重ねながら、決して忘れることのございませぬ熱い思いを抱きしめています。

そしてこの温かいお心が明るい灯となって私の行く道を照らし、お護りいただくような気が致します。これからは、この温かな灯を頼りに、温もりを抱きしめながら、心豊かに、その明るい道を静かに歩いてゆきたいと思います。これは私の一生の至福、この幸せは一生の宝物でございます。

また、掌典長はじめ、掌典様方、掌典補、出仕さん、その他大勢のお方様に、言葉に尽くせませず計り知れませぬ御温情を戴きながら、心豊かに過ごさせていただきました。

感謝の思いのみ心に満ちて、感無量でございます。

昭和十八年、誠に存じよりもせず結構な御縁をいただき内掌典を拝命致しまして戦中から戦後の変化の中で昭和から平成の御代に移り十年一日、いえ、五十年一日の如く過ぎ去りました日々。上のお方様のお側で尊い御用の一つひとつを教えていただき、そのお心を戴きましたお陰さまでこそ長い間に自ら内掌典の生き方を身につけさせていただきましてございます。

日々相変わりませずの御用に明け暮れます変化の少ない毎日でございましたが、今日もまた新しい自分に立ち返り、日々を新しい気持ちで過ごさせていただきました。

毎朝身をただ謹みて生神様が成らせられますように御前に跪き、尊い御用を勤めさせていただきました。

若い内掌典にもこのような心構えを伝えながらただ日々の御用を、そして、めぐりきます大事な御神事が次々とお滞りなくおするするとお済みあそばしますようにと、ひたすらに御用をさせていただきますのみで、一年が過ぎ、年月の経ちますのも考えませず、他に何の心もなく、何時の間にか過ごさせていただきました五十余年でございました。そして、白髪の老人になりました。

これからは、御殿の尊い御用を勤めさせていただきました身に過ぎました無上の光栄を身体の中に戴かせていただき、御慈光をありがたく一生伏し拝みながら、在職中に両陛下より思し召しいただきました申し上げようもございませぬほどに身にあまります温かい至福を、一生押し戴きながら、なおお揃いあそばしまして御機嫌よう御繁栄さんであらせられますようにひたすらお祈り申し上げ、賢所様が御静謐《せいひつ》にあらせられますようにと手を合わせ、常に心を御所に向け、静かに余生を送りたいと存じております。

内侍所のその昔から万々年までも続きます至尊の伝統の、その一点をお護りさせていただきました幸せに満ちながら。

あはれ　あなおもしろ　あなたのし　あなさやけ　おけ

『古語拾遺』（八〇七年、斎部広成著）より

私はこの言葉が大好きでございます。

古代から伝承された旧説を記録した平安前期の歴史書の中の詩でございます。

天照大神《あまてらすおおみかみ》様が御身をお隠しあそばしました天の岩戸から再び世にお出ましあそばしました時、闇に再び御光をいただいてお喜びになりました神々が歌い舞った歓喜の情を表した詩でございます。「おもしろ」は大神様の出現で明るくなり互いの「面」が「明白《しろ》」くなったとの由、伺いました。

面上の明るみの蘇りを「面白い」として喜び祝った古代の神々様の御賑わいを想って、大神様の御光を昇る朝日に重ねまして毎日手を合わせ、この歌を念じております。

参考資料

◉年間の宮中祭祀の御祭

開催日	祭祀名	祭場
一月一日	歳旦祭	御三殿
一月二日	二日祭	御三殿
一月三日	三日祭	御三殿
一月三日	元始祭	御三殿
一月七日	昭和天皇祭	皇霊殿
一月七日	昭和天皇祭御神楽	皇霊殿
一月三十日	孝明天皇例祭	皇霊殿
二月十七日	祈年祭	御三殿
三月二十一日（春分の日）	春季皇霊祭	皇霊殿
三月二十一日（春分の日）	春季神殿祭	神殿
四月三日	神武天皇祭	皇霊殿
四月三日	神武天皇祭御神楽	皇霊殿
六月十六日	香淳皇后例祭	皇霊殿
六月三十日	大祓	神嘉殿前庭
七月三十日	明治天皇例祭	皇霊殿
九月二十三日（秋分の日）	秋季皇霊祭	皇霊殿
九月二十三日（秋分の日）	秋季神殿祭	神殿
十月十七日	神嘗祭	賢所
十一月二十二日	鎮魂祭	綾綺殿
十一月二十三日	新嘗祭	神嘉殿
十二月中旬	賢所御神楽	賢所
十二月二十三日	天長祭	御三殿
十二月二十五日	大正天皇例祭	皇霊殿
十二月三十一日	大祓	神嘉殿前庭
十二月三十一日	除夜祭	御三殿

今上陛下より四代前までの天皇様、昭和、大正、明治、孝明天皇様は毎年の御命日に御祭。仁孝天皇様より先の天皇様は百年毎に御式年祭が行われる。

◉衣服

【長ひよ】長襦袢のこと。

【短ひよ】短襦袢のこと。ひよは自身の寸法に合わせてさらし木綿で仕立てて、衿回りの衿幅は一寸にて、白羽二重の掛け衿を掛けます。

【次のもの】腰巻のこと。「下のもの」ともいう。

【大清の衣服】着物、袴、衣、唐衣、下紐、丸絎、袴帯、おひとえ（帯のこと　緑色、生絹、六尺）

【中清の衣服】着物、袴、下紐（白）、丸絎（赤）、袴帯（赤、幅七センチくらい）、おひとえ

〈中清の種類〉

【昼着（平常着）】毎朝潔斎後に着ます。

【のこりの着物】毎朝潔斎前に着ます。起きてすぐ御殿へ上がる時、夕、お風呂の後、また夜眠る前まで着ます。

【寝巻】夜寝る時、単衣の着物を着ます。絹またはメリンスの半幅帯を締めます。

【御祭着】御祭の時、潔斎後に着ます。立冬から立夏まで小袖（四寸丸袖、袖口ふき赤二分、裾ふき赤五分）。立夏から立冬まで単衣、または麻長着。御祭の時には、立冬、立夏までに合わせて小袖、麻の着物の他に夏冬の袿（大礼服正装）、兼法、黒縮緬に日本刺繡の総模様、細染、白麻に日本刺繡の総模様があります。兼法と細染は中礼服で皇霊殿にて天皇様の御例祭などに着用します。

◉御所言葉（賢所で平常使う言葉のみ）

【合白】白羽二重袷の着物、袖口ふき一分、裾ふき二分、白袷
【あげおかべ】お揚げ
【あせ】血
【えもじ】海老
【おいた】かまぼこ
【おいろ】口紅
【大清】広義では御殿の御品々、通常は御殿　御内陣で御用をする時の衣服などのこと
【おかかえ】丸絎
【おかちん】お餅（昔、御所で御歌の会が催された時、良い御歌をあそばしました御公卿さんにご褒美のお駄賃としてお餅を賜り、「歌のお駄賃」にて「おかちん」と申します）
【おかべ】豆腐
【おからもの】大根
【おぐし】髪
【おこんごう】草履
【おしとね】ざぶとん
【おしろもの】お塩
【おすすり】ぜんざい
【おすべし】お下げする
【おすべり】お下がり
【おすもじ】寿司
【おするすると】さしさわりもなくすらすらと
【おぞろ】そうめん
【おたから】お金
【御九献《おっこん》】清酒
【おなか】綿
【おばん】食事
【おひきずり】着物を着たとき内合わせの半幅帯を締めますと裾が長く引きずりますのを申します
【おひけ】夜、御用が終わって候所で休むこと
【おひよ】襦袢
【おひら】鯛
【おまな】お魚

【おまわり】おかず
【おみあわせ】袷の着物
【おむし】味噌おむら＝鰯
【おもじ】帯
【御錫】お酒を入れる銀製の瓶子
【お寝召し】上のお方様の寝巻のことを申し上げる時使います
【お清所】台所
【お頭】頭芋（里芋より一回り大きいお芋）
【かずかず】数の子
【割く】割る、切る
【ぐじ】アマダイまた八興津鯛
【さもじ】鯖
【仕舞】化粧、仕舞所はお化粧の間
【しん】眉
【するする】するめ
【そもじ】そば
【たもじ】蛸
【中清】広義では候所のもの、通常は普段候所で着用する衣服のこと。御三殿御外陣までは着用
【次のもの・下のもの】すそよけ（腰巻）
【直す】切る
【長ひよ】長襦袢
【ねもじ】ネギ
【のこり】朝起きてすぐに着替えて御殿に伺い、御殿の御門口（御妻戸）をお開きしてお正面をお明け申し上げ、御鍵をはずして御殿内のお掃除申し上げます御用のこと
【中のこり】御殿に上がり、お清流しで潔斎後御神饌お清め致します仕度をします御用のこと。この時に着る服を「のこりの着物」という。昼着のお下がりをこれに当てる
【火取る】焼く
【まけ・おまけさん】生理
【みこし】夜の御用のこと
【御格子】御殿両横の格子戸
【ややとと】ちりめんじゃこ
【やわやわ】おはぎ
【ゆかた】浴衣、夏の外出着ではなく此方では潔斎の湯上がりに着用してお清めの湯気を拭う衣
【よそよそ】手洗い

〈御挨拶〉

【御機嫌よう】 朝から夜まで御挨拶は「御機嫌よう」。どなたにお会いしても「こんにちは」ではなく、「御機嫌よう」と申し上げ、お別れの挨拶のときにも「さようなら」ではなく「御機嫌よう」と申します。

【恐れ入ります】 目上のお方様に御礼を申し上げます時、また、嬉しい時にも、不調法をお詫び申し上げます時にも、「恐れ入ります」と申し、自分より下の人には「ありがとう」または「すみません」と申し、感謝の意、またはお断りを申します。

【いただきます】 目上のお方様には「〇〇をしていただきまして……」または、「〇〇あそばしていただきまして……」と申し上げまして、「〇〇してくださいまして……」とは決して申しませず、自分より下の人には「〇〇してください……」と申します。

【思いがけず、目上のお方から品物をいただきました時】「存じよりませず結構に〇〇（いただいたお品）を戴きまして恐れ入りましてございます」と申し上げ、続けて喜びの気持ちを言葉に表して御礼を申し上げます。

【女官さんとの御挨拶（御所に伺いました時、また、お電話申し上げた時必ず申し上げます）】「御機嫌よう、今日はおよろしいお晴れでございます（または、今日もうっとうしいことでございます）。（両陛下）お揃いあそばしまして御機嫌さんよう、女官長様（または、女官さんとご挨拶のときには女官さんのお名前を申し上げ）にも御機嫌ようおつとめあそばしまして、お慶び申し上げます」と申し上げ、本日の用件を「こんにちは〇〇で……」と申し上げます。

【歳末の御挨拶】 二一一～二一三ページ参照

【新年の御挨拶】 二一二、二一三ページ参照

【おばん（食事）の時、雑仕が内掌典に】（配膳致す

時）おばんがつきましてございます。（下げる時）
おばんをおすべし申し上げます。

【お湯の時】
●雑仕が内掌典に
「お加減よろしゅございますのでお召しあそばしていただきます」
●先に入る内掌典が次の人に
「お湯をお先でございます」

●次の人がそれに応えて
「ごゆるりさんと」
●先に入った内掌典が上がる時、次の人に
「お先でございました」
●次の人がそれに応えて
「おせわしなうございました」
（以下順々にこのように御挨拶致します。なお、お湯を使えない人には「お名残り多うございます」と申し上げます）

インタビューを終えて

明石伸子（日本マナー・プロトコール協会理事長）

二〇〇二年冬、私は髙谷朝子様に初めてお目にかかりました。和服をお召しのお姿は凛とされ、七十九歳（当時）とは思えぬハリのある美しい肌がとても印象的でした。若輩の私どもにも常に控えめな態度で接せられるので、大変恐縮したものでした。私は最初、髙谷朝子という一人の女性の人生に興味がありました。一般には馴染みのない皇居の中の、さらに〝三種の神器〟（の一つ）を奉る「賢所《けんしょ》」という特別な所に仕えられた方が、ご自分の数奇な生涯をどのように思っていらっしゃるのか知りたかったからです。

しかし髙谷様は、「何も特別なことをしてきたわけではなく、つつがなく毎日を過ごさせていただいただけです」と常に控えめにお答えになり、「こんなことに皆さまが興味を持っていただけるのでしょうか」と出版に対しても躊躇されておいででした。

それから何回かお目にかかるうちに、純真な髙谷様のお人柄に私は強く親しみと敬愛を抱くようになりました。限られた空間で、公私の区別なく日々を過ごされる内掌典《ないしょうてん》の適性はというと、祭祀に対する高貴な使命感と、協調性、素直な心に他ならないからでしょう。髙谷様が語られた宮中の暮らしぶりは、四季折々の中に伝えられるしきたりを、教えられたとおりに心をこめて丁寧に繰り返す毎日であり、そこに集う人たちは家族のように互いを思いやり、感謝の心を忘れない人たちばかりでした。

また、本書のために髙谷様が書かれた原稿は、お人柄を表すように一字一字丁寧な文字が並んでいました。そこには、いまでは目にすることすら少なくなった難しい漢字がたくさん記されていて、祭祀を伝承する内掌典が培ってきた教養の高さに言葉を失いました。

私は髙谷様のお話を伺うたびに、「伝統」ということについてさらに深く考えるようになりました。日本の皇室の歴史は世界に類のない程古く、天皇陛下は日本国の象徴であるだけでなく、神武天皇から伝わる祭祀をいまも執り行っていらっしゃいます。賢所はその真髄であり、内掌典はそれを司る重職です。しかし残念なことに、そうした事実が私ども日本人にはほとんど知らされておりません。

伝統とは、時とともに培われる反面、時代とともに変化し、消えていくものもあります。日本は戦後の急速な社会変化の中で、生活様式や習慣が大きく変わりました。その流れを変えることはもはや難しく、それは賢所の中にも否応なく押し寄せ、制度が変わり、お仕えする人も少なくなっているようです。ですから髙谷様は、口伝《くでん》により脈々と伝えられたしきたりの多くを身につけた最後の内掌典と言ってよいでしょう。

私ども「日本マナー・プロトコール協会」は、国際化が進む今日、生活やビジネス、国際交流の場において必要不可欠と思われるマナーやプロトコール（外交儀礼）について、その真髄を探求し、それらを広く普及、啓蒙していくことを目的として設立されました。また、日本の伝統やしきたりにかんする資料の収集や、斯界第一人者のネットワーク化を通じて、薄れゆく日本の伝統やしきたりを少しでも正確に後世に伝えていくことが一つの使命であると考えております。

ですから、高谷様が当協会の顧問にご就任くださり、また本書を通じて、内掌典の存在と、賢所に伝わる日本の伝統の素晴らしさを皆様にご紹介できることは光栄なことであり、誇りある活動であると思っております。そこに、私ども日本人の〝原点〟をみる思いが致します。

今は九十二歳となられた高谷様の穏やかでお健やかな日々が、これからも続きますことを心より祈念しております。

文庫化に寄せて

内掌典を拝命した昭和十八年は、太平洋戦争が激しさを増していました。終戦を迎え、空襲に身を固くすることはなくなりましたが、そこからが、焦土の中から立ち上がろうとする必死な時代の始まりでした。

それでも私どもは、静謐《せいひつ》な皇居の森の奥で、三上様始め、上の御方様のお教えを戴きましたそのままを有難くお護りさせて戴き、大事な御用を身につけさせて戴きました。平成の御代に移り、若い内掌典に古来の尊い御用を引き継ぎながら唯々心一つにして、日々新しい気持ちで不調法ながらも務めさせて戴きました五十七年間でございます。

若い内掌典二十四人、若い雑仕さんと年輩の雑仕さん四十三人、部屋の人二十五人、皆で九十余人、賢所様のお側で起居を共にして家族のように過ごし、御殿様のお側で皆が同じ清い心で外に何の心もなく正直にして、それぞれの御用に専念させて戴き心穏やかに無事に過ごすことができました。これは私の一生の至福でございます。そして奇跡でございました。

誰方も皆、若いながら優しく温かな真心を戴きました。一人ひとりを決して忘れることはなく、眼の前にはっきりと思い浮かべて抱きしめたい熱い思いに浸っております。

賢所を離れました今も尚、温かいお心をお寄せいただきます幸せと感謝の気持ちは言葉に尽くせませず、その温かいお心は明るい灯となって、私の生きてゆく道を照らしてお守り戴くような気がいたしております。

これからは、そのお照らし戴きます温かな灯を頼りに、そのぬくもりを抱きしめながら、心豊かにして、その明るい道を静かに歩いてゆきたいと存じております。

皇室の幾久しいご繁栄と、宮中祭祀の伝統がこれからも内掌典によって護り続けられていくことを、いつまでも御祈念申し上げております。

共にひたすらにそれぞれの御用を一所懸命務められた内掌典のお方々、雑仕さん、部屋の人たちの、無上の幸せを祈りながら……

此方で体得された尊い経験を心の奥深く秘めて、人に喜ばれ、お役に立ってご活躍されますようにと祈りながら……

目に見えませせぬながら神様から戴きました御光がきらきらと輝いて限りなく幸せが

溢れますようにと祈りながら……

平成二十九年初春、千葉県柏市　麗しの杜光ヶ丘にて

高谷朝子

本書は二〇〇六年にビジネス社より刊行された
『宮中賢所物語——五十七年間皇居に暮らして』に、
大幅な加筆・修正を施して文庫化したものです。

皇室《こうしつ》の祭祀《さいし》と生《い》きて
内掌典《ないしょうてん》57年《ねん》の日々《ひび》

二〇一七年 三 月二〇日 初版発行
二〇一九年 五 月三〇日 3刷発行

著 者 髙谷《たかや》朝子《あさこ》
発行者 小野寺優
発行所 株式会社河出書房新社
〒一五一―〇〇五一
東京都渋谷区千駄ヶ谷二―三二―二
電話〇三―三四〇四―八六一一（編集）
〇三―三四〇四―一二〇一（営業）
http://www.kawade.co.jp/

ロゴ・表紙デザイン 粟津潔
本文フォーマット 佐々木暁
印刷・製本 中央精版印刷株式会社

落丁本・乱丁本はおとりかえいたします。
本書のコピー、スキャン、デジタル化等の無断複製は著作権法上での例外を除き禁じられています。本書を代行業者等の第三者に依頼してスキャンやデジタル化することは、いかなる場合も著作権法違反となります。

Printed in Japan ISBN978-4-309-41518-5

ツクヨミ　秘された神

戸矢学　41317-4

アマテラス、スサノヲと並ぶ三貴神のひとり月読尊。だが記紀の記述は極端に少ない。その理由は何か。古代史上の謎の神の秘密に、三種の神器、天武、桓武、陰陽道の観点から初めて迫る。

三種の神器

戸矢学　41499-7

天皇とは何か、神器はなぜ天皇に祟ったのか。天皇を天皇たらしめる祭祀の基本・三種の神器の歴史と実際を掘り下げ、日本の国と民族の根源を解き明かす。

大化の改新

海音寺潮五郎　40901-6

五世紀末、雄略天皇没後の星川皇子の反乱から、壬申の乱に至る、古代史黄金の二百年を、聖徳太子、蘇我氏の隆盛、大化の改新を中心に描く歴史読み物。『日本書紀』を、徹底的にかつわかりやすく読み解く。

完本　聖徳太子はいなかった　古代日本史の謎を解く

石渡信一郎　40980-1

『上宮記』、釈迦三尊像光背銘、天寿国繡帳銘は後世の創作、遣隋使派遣もアメノタリシヒコ（蘇我馬子）と『隋書』は言う。『日本書紀』で聖徳太子を捏造したのは誰か。聖徳太子不在説の決定版。

蒙古の襲来

海音寺潮五郎　40890-3

氏の傑作歴史長篇『蒙古来たる』と対をなす、鎌倉時代中期の諸問題・面白さを浮き彫りにする歴史読物の、初めての文庫化。国難を予言する日蓮、内政外政をリードする時頼・時宗父子の活躍を軸に展開する。

天皇の国・賤民の国　両極のタブー

沖浦和光　40861-3

日本列島にやってきた諸民族の源流論と、先住民族を征圧したヤマト王朝の形成史という二つを軸に、日本単一民族論の虚妄性を批判しつつ、天皇制、賤民、芸能史、部落問題を横断的に考察する名著。

渡良瀬川

大鹿卓　41204-7

没後百年、いま甦る正造の警告！　足尾事件で闘いの先頭に立った男は命がけで政府を糾弾。鉱毒に気づいて敢然と立ち向かい、天皇直訴に至るまでの、被害住民と正造の闘いを描いた名作。

消えた春　特攻に散った投手・石丸進一

牛島秀彦　47273-7

若き名古屋軍《中日ドラゴンズ》のエースは、最後のキャッチ・ボールを終えると特攻機と共に南の雲の果てに散った。太平洋戦争に青春を奪われた余りに短い生涯を描く傑作ノンフィクション。映画「人間の翼」原作。

戦火に散った巨人軍最強の捕手

澤宮優　41297-9

戦前、熊工の同期川上哲治とともに巨人に入団し、闘魂あふれるプレーでスタルヒンやあの沢村をリードした、ナイスガイ吉原。その短くも閃光を放った豪快なプロ野球人生と、帰らざる戦地の物語。

永訣の朝　樺太に散った九人の逓信乙女

川嶋康男　40916-0

戦後間もない昭和二十年八月二十日、樺太・真岡郵便局に勤務する若い女性電話交換手が自決した。何が彼女らを死に追いやったのか、全貌を追跡する。テレビドラマの題材となった事件のノンフィクション。

二・二六事件

太平洋戦争研究会〔編〕　平塚柾緒　40782-1

昭和十一年二月二十六日、二十数名の帝国陸軍青年将校と彼らの思想に共鳴する民間人が、岡田啓介首相ら政府要人を襲撃、殺害したクーデター未遂事件の全貌！　空前の事件の全経過と歴史の謎を今解き明かす。

日中戦争の全貌

太平洋戦争研究会〔編〕　森山康平　40858-3

兵力三百万を投入し、大陸全域を戦場にして泥沼の戦いを続けた日中戦争の全貌を詳細に追った決定版。盧溝橋事件から南京、武漢、広東の攻略へと際限なく進軍した大陸戦を知る最適な入門書。

特攻

太平洋戦争研究会〔編〕　森山康平　40848-4

起死回生の戦法が、なぜ「必死体当たり特攻」だったのか。二十歳前後の五千八百余名にのぼる若い特攻戦死者はいかに闘い、散っていったのかを、秘話や全戦果などを織り交ぜながら描く、その壮絶な全貌。

山本五十六の真実

太平洋戦争研究会〔編〕　平塚柾緒　41112-5

三国同盟に反対し、日米衝突回避に全力をあげた山本五十六。だが開戦やむなきに至り、連合艦隊司令長官として真珠湾奇襲を敢行する。苦悩のリーダーはどう行動し、いかに決断したか、その真実に迫る。

激闘駆逐艦隊

倉橋友二郎　41465-2

太平洋戦争南方戦線での、艦隊護衛、輸送の奮闘記。涼月では、砲術長として、大和海上特攻にも参加、悪戦苦闘の戦いぶりの克明詳細な記録である。

大日本帝国最後の四か月

迫水久常　41387-7

昭和二〇年四月鈴木貫太郎内閣発足。それは八・一五に至る激動の四か月の始まりだった——。対ソ和平工作、ポツダム宣言受諾、終戦の詔勅草案作成、近衛兵クーデター……内閣書記官長が克明に綴った終戦。

太平洋戦争全史

太平洋戦争研究会　池田清〔編〕　40805-7

膨大な破壊と殺戮の悲劇はなぜ起こり、どのような戦いが繰り広げられたか——太平洋戦争の全貌を豊富な写真とともに描く決定版。現代もなお日本人が問い続け、問われ続ける問題は何かを考えるための好著。

戦後史入門

成田龍一　41382-2

「戦後」を学ぶには、まずこの一冊から！　占領、55年体制、高度経済成長、バブル、沖縄や在日コリアンから見た戦後、そして今——これだけは知っておきたい重要ポイントがわかる新しい歴史入門。

著訳者名の後の数字はISBNコードです。頭に「978-4-309」を付け、お近くの書店にてご注文下さい。